Kilian Winkler

Investier Dich frei!

Der vorliegende Text darf nicht gescannt, kopiert, übersetzt, vervielfältigt, verbreitet oder in anderer Weise ohne Zustimmung des Autors verwendet werden, auch nicht auszugsweise: weder in gedruckter noch elektronischer Form. Jeder Verstoß verletzt das Urheberrecht und kann strafrechtlich verfolgt werden.

Der vorliegende Text ist nicht als Anlageberatung zu verstehen, sondern basiert auf eigenen Erfahrungen des Autors. Jeder Investor ist gehalten, vor einer Investition Chancen und Risiken selbst abzuwägen.

Impressum:

Kilian Winkler
c/o skriptspektor e. U.
Robert-Preußler-Straße 13 / TOP 1
5020 Salzburg
AT – Österreich

Kilian Winkler

INVESTIER DICH FREI

Dein Weg zur finanziellen Freiheit
als Millenial

Praxiswissen: Investment

Inhaltsverzeichnis

Bad Times? 7

Das Mindset der Freiheit! 14

Wo stehe ich? 20

Grundregeln 33

Immobilien – Grundwissen und Denkanstöße 47

Wertpapiere – Die Basics, die Du brauchst! 70

Und Sonst? – Edelmetalle, Kryptos und Co. 80

Persönliche Empfehlungen 87

Wie gehe ich es an? 90

»Regel Nummer 1: Verliere niemals Dein Geld. Regel Nummer 2: Vergiss niemals Regel Nummer 1.«

Warren Buffet

1

BAD TIMES?

Viele Millennials fühlen sich – meiner Meinung nach zur Unrecht – als eine Generation, die es besonders schwer hat, besonders was die Finanzen angeht. Beim Vergleich mit Eltern oder Großeltern fühlen wir uns oft benachteiligt. Die goldenen Zeiten scheinen in monetärer Hinsicht längst vorbei zu sein. Wer kann sich heute schon noch etwas aufbauen?

Früher war eine Ausbildung bei einem renommierten Arbeitgeber nicht nur eine Art lebenslange Jobgarantie. Hierdurch wurden einem auch oft gute Jobmöglichkeiten mit Aufstiegschancen eröffnet. Mein Großvater zum Beispiel machte nach dem Krieg seine Ausbildung bei einer großen deutschen Versicherung, bei der er dann vom einfachen Versicherungskaufmann über die Jahre bis zum erfolgreichen Manager aufstieg, der sehr gut verdiente. Und das ganz ohne Hochschulstudium! Wo wäre so etwas heute noch möglich?

Auf den ersten Blick lassen sich zahlreiche Negativbeispiele finden, die einem vermeintlich zeigen, dass ein

Aufstieg heute schwer ist. Vor allem schwerer als noch eine Generation zuvor. Wer kennt schon jemanden aus unserer Generation, der finanziell unabhängig ist?

Für uns Millennials, also jene die zwischen den frühen 1980er und späten 1990er Jahren geboren wurden, gibt es zahlreiche Begriffe, die teilweise schon verraten, dass es um diese Generation nicht gut bestellt ist. Während Generation Y noch eine schlichte Nachfolge der Generation X ist, welche in den Jahren zuvor zur Welt kam, so ist oft auch von Begriffen wie *Generation Praktikum* die Rede, was auf die teilweise prekären Arbeitsverhältnisse junger Menschen anspielt, welche von einem Praktikum zum nächsten hasten, schlecht bezahlt sind und keine Perspektive auf eine gut bezahlte Festanstellung haben.

Wenn wir zur Geschichte mit meinem Großvater am Anfang zurückkommen, dann werden sich viele Millennials denken, dass das doch eigentlich eine gute Geschichte ist: Ausbildung und dann Karriere machen. Alles läuft wie geschmiert! Das ist es oberflächlich betrachtet in der Tat. Und im Vergleich dazu, haben es viele aus der Generation Y schwer. Wer heute bei einem großen Konzern anfängt, kann sich seiner Sache nicht sicher sein. Ich fing zum Beispiel nach meinem Studium bei einem Konzern an, der Führer am europäischen Markt in seinem Bereich war. Dies schlug sich aber weder in der Bezahlung, noch in den Karrieremöglichkeiten wieder.

Darüber hinaus stellte ich dort fest, dass der Konzern die Digitalisierung komplett verschlafen hat, was zu fallenden Umsätzen, starken Einschnitten und massenhaften Entlassungen führte. Ich verließ das Unternehmen bereits nach 13 Monaten und versuchte bei einem anderen Arbeitgeber mein Glück. Häufige Jobwechsel und große Unsicherheit im Job gehört heute fast dazu. Das kannte mein Großvater nicht. Die Wirtschaft ging damals nach dem zweiten Weltkrieg einfach bergauf und ein großes Unternehmen bot einem, sofern man das wollte, lebenslange Sicherheit.

Ob dies aber wirklich besser ist, ist aber – und das sollte das erste Learning sein – immer alles nur eine Frage der Betrachtungsweise. Für meinen Großvater ging es direkt nach dem Abitur in den Krieg. Nach dem Krieg, den er nur mit Glück und schwer verwundet überlebte, war an studieren gar nicht mehr zu denken. So machte mein Großvater seine Ausbildung und versuchte in einem großen Konzern Karriere zu machen, was ihm auch gelang. Große Auslandsreisen waren gar kein Thema, schon gar nicht in den ersten Jahren. Liebevoll gestaltete Fotoalben aus den 1950er Jahren zeigen meine Großeltern beim Urlaub in Norditalien. Mein Großvater hatte einen Dienstwagen, was die Urlaube überhaupt erst ermöglichte. Aus Europa ist er nie herausgekommen.

Die Welt heute schaut ganz anders aus. Heute haben wir eine enorm hohe Quote an Hochschulabsolventen. Auch immer mehr Kindern aus bildungsfernen Familien gelingt der Weg an die Universitäten und Fachhochschulen, was durchaus ein begrüßenswerter Trend ist. Reisen gehören heute auch zum Lifestyle vieler Studenten, wer keinen Auslandsaufenthalt während des Studiums gemacht hat, muss sich teilweise schon fast rechtfertigen. Wenn man es so betrachtet, sind die Voraussetzungen doch gar nicht so schlecht.

Wir leben in spannenden Zeiten mit viel Potenzial und zahlreichen Möglichkeiten, auch wenn Corona natürlich vielen einen Dämpfer verpasst hat. Dies solltest Du für Dich nutzen. Lass' Dich dabei von Rückschlägen persönlicher oder wirtschaftlicher Art nicht entmutigen. Höre erst recht nicht auf Ratschläge von Freunden und Verwandten, die vielleicht ein ganz anderes Mindset haben. Wenn Du die Tipps in diesem Buch befolgst, wirst Du nicht sofort reich. Du wirst auch keine schnellen Autos fahren, zumindest nicht sofort. Ohne jetzt zu viel zu verraten: Es liegt ein längerer Weg vor Dir!

Ein Kennzeichen der Generation Y ist es, dass sie dafür bekannt ist, dass für sie arbeiten nicht alles ist. Arbeit soll erfüllen und Spaß machen. Darüber hinaus ist Arbeit nur eine der Säulen, die das Leben trägt. Neben der Arbeit engagieren sich viele Millennials gerne und sie genießen das Leben. Dies drückt sich meiner Meinung nach wie zuvor gesagt nicht zuletzt dadurch aus, dass diese Generation viel mehr reist als alle Generationen zuvor.

Dies schlägt sich natürlich auch in der Arbeitseinstellung von vielen nieder. Ein Bekannter teilte mir einmal in einem Gespräch mit, dass er als Ziel anpeilt, nur so viel zu arbeiten als irgendwie nötig. Er will mit seinem Job über die Runden kommen und die Freizeit einfach genießen und das tun, was er möchte. Auch wenn ich seinen Ansatz sehr gut verstehe, so halte ich die Umsetzung in der Form doch für nicht zielführend.

Zur Klarstellung: Ich lehne diesen Lebensstil auch nicht ab. Jeder sollte in der Lage sein, das zu tun, was ihn erfüllt. Dafür benötigt man ausreichend Zeit. Bis zu diesem Punkt also völlige Zustimmung.

Der Unterschied zu meinem Ansatz ist der folgende: Ich ziehe andere Schlüsse daraus. Wer finanziell abgesichert ist, für den ist die genaue Höhe des Lohns gar nicht mehr so wichtig. Du willst den Nachmittag lieber mit Deinem Partner, Deinen Freunden oder Deinen Kindern verbringen? Du hast ein neues Hobby oder engagierst Dich gern sozial und willst dies intensiv verfolgen? Du möchtest im Urlaub spontan ein paar Tage länger bleiben? Klingt alles gut, oder? Dann musst Du aber Deine Finanzen im Griff haben.

Geld ist nicht alles im Leben und Gesundheit kann man nicht kaufen. Das stimmt und dem ist nicht viel hinzuzufügen. Aber ohne Geld wirst Du viele Träume nicht umsetzen können. Im Prinzip tauschst Du immer wieder Deine Leistungen und Deine Zeit in Geld ein. Bist Du davon weniger abhängig, kannst Du machen was Du willst. Klingt logisch und ist es auch.

Wenn Du auch nur einige Ratschläge aus diesem Buch befolgst, stehen Dir keine schlechten Zeiten bevor. Falls Du studierst hast, wirst Du dieses große Gefühl von Freiheit noch kennen. Als Student konnte ich tun und lassen was ich will, ich musste nur irgendwie meine Prüfungen schaffen. Ob ich dafür nachts, frühmorgens oder am Wochenende lernte war komplett egal. Wenn ich mir spontan einen Tag freinehmen wollte, war das auch möglich. Es gab in der Studienzeit neben den Prüfungen aber ein ganz großes Limit und das waren bei mir die Finanzen. Ich hätte es zeitlich sicher hinbekommen, viel zu verreisen. Es hätte mich auch sehr interessiert. Ein Blick auf die Kontoauszüge von meinem Studentenkonto holte mich aber immer wieder auf den Boden der Tatsachen zurück. Ich musste extrem aufs Geld schauen und habe in den Semesterferien eigentlich meistens einen Job gehabt. Es ist schon ein bisschen bizarr: Also Studenten haben wir viel Zeit, aber kein Geld. Später haben wir Geld, aber keine Zeit. Es klingt so, als wäre man immer im falschen Film.

Mit diesem Buch möchte ich Dir zeigen, dass das nicht so ist bzw. zumindest dass das nicht so sein muss, wenn Du die richtigen Schritte setzt. Um aber überhaupt in die Lagen zu kommen, dass Du Deine Finanzen absichern kannst, sind ein paar Schritte nötig. Als ersten Schritt musst Du Deine Finanzen in Ordnung bringen. Nur wer weiß, was er hat, kann auch investieren und langfristig das Ziel finanzielle Freiheit erreichen. Nachfolgend gebe ich Dir ein paar Tipps, wie Du das in die Tat umsetzen kannst.

Im Prinzip brauchst Du nämlich nur ein bisschen Grundwissen, welches ich Dir vermitteln möchte. Danach musst Du Dich ohnehin ständig weiterbilden und ein Experte in Deinen Bereichen werden. Wie immer, ist aber gerade der Anfang schwer. Viele versuchen solche Startschwierigkeiten, durch teure Kurse oder Coachings zu überwinden. Das ist meiner Meinung nach komplett überflüssig und wird in den meisten Fällen zu großem Reichtum führen. Allerdings nicht bei Dir als Kursteilnehmer, sondern bei demjenigen, der den Kurs gibt. Alles was man braucht, ist die Bereitschaft loszulegen und das Grundwissen als nötiges Handwerkszeug. Und genau das möchte ich Dir vermitteln.

Genug der einleitenden Worte: Legen wir los!

2
DAS MINDSET DER FREIHEIT!

It's all about the money! Es geht um's Geld! Die Unzufriedenheit vieler Menschen steht und fällt mit den finanziellen Möglichkeiten, die sie haben beziehungsweise nicht haben. Mit Geld kann man sich Wünsche erfüllen, die ohne Geld vollkommen außer Reichweite sind. Das mag schon stimmen, aber wie wichtig sind materielle Dinge? Wie sehr brauchen wir Geld wirklich? Wer verstehen will, was finanzielle Freiheit ist, der muss sich ein paar philosophische Fragen stellen. Dies ist gerade für unsere Generation nichts neues, da wir vieles hinterfragen. Wer frei sein will braucht das richtige Mindset.

Wie sollte nun das Verhältnis zum Geld sein? Gerade die Genration Y besteht nicht unbedingt aus Hardcore-Kapitalisten. Zunächst eine Klarstellung: Ich persönlich halte den Kapitalismus grundsätzlich für nichts Schlechtes. Hier profitiert die Gruppe von Menschen, die sich anstrengt und kann die Früchte ihrer Arbeit ernten. Das motiviert Menschen über sich hinauszuwachsen und das ermöglicht letztlich Innovationen. Warum sollte man ein neues

Smartphone entwickeln, wenn eine staatliche Stelle hierzu die Einzelheiten vorgibt.

Es ist trotzdem ein vollkommen korrekter Einwand vieler Millennials, dass Geld nicht glücklich macht. Viele Leute, die mich nur oberflächlich kennen, glauben, dass es mir einfach ums Geld geht und mich der Besitz von Geld oder Vermögenswerten glücklich machen. Ich sehe das aber anders. Geld ist für das persönliche Glück an sich nicht entscheidend. Und finanzielle Freiheit bedeutet für mich eigentlich, dass Geld nicht glücklich macht und man sich von diesem Gedanken lösen soll.

Zum Mitschreiben: Ich stimme dem also uneingeschränkt zu! Geld macht nicht glücklich. Wer sich finanzielle Freiheit so vorstellt, dass man über unendlichen Reichtum verfügt, schnelle Autos fährt und ein Leben auf der Überholspur führt, der hat völlig falsche Vorstellungen und für den ist dieses Buch auch nicht das richtige. Gerade dieses Gefühl vermitteln gerade viele unseriöse Angebote in sozialen Medien, wo man angeblich durch wenig Arbeitseinsatz in kürzester Zeit reich werden kann. In diesen Videos sind meistens irgendwelche jungen Typen in Sportwägen oder Villen zu sehen, die uns ihr Erfolgsrezept andrehen wollen. Klingt verlockend, funktioniert aber nicht. Gibt es denn irgendeine Verbindung von Geld und Glück? Viele Lottogewinner berichten, dass Geld sie nicht glücklich gemacht hat. Zumindest trat kein nachhaltiges und langfristiges Glücksgefühl ein. Kurzfristig kann es natürlich glücklich machen, sich sein Traumauto oder seine

Traumvilla zu kaufen oder eine Luxusreise zu machen. Auf die Dauer reicht Geld zu haben nicht aus.

Geld macht also nicht glücklich, aber warum ist dann Investieren so wichtig? Aus dem einfachen Grund, dass Geld der Schlüssel zur Freiheit ist, wenn man es richtig einsetzt. Die Freiheit und das Streben danach gehört zu wichtigsten Dingen im Leben. Und gerade für uns Millennials ist die Freiheit das A und O. Früher ließen sich die Menschen sehr viel durch gesellschaftliche Konventionen vorschreiben. Das ist heute nicht mehr so. Wer sich für eine bestimmte Art zu leben entscheidet, tut dies aus freiem Entschluss. Keiner in unseren Breiten muss heute mehr die Bauerntochter vom Nachbarhof heiraten, weil das die Eltern für eine großartige Idee halten.

Aber sind wir dann alle frei? Nur weil wir in einer freien Gesellschaft leben, überall hinreisen können, ohne dafür unser Leben zu riskieren, bedeutet das noch nicht, dass wir über persönliche Freiheit verfügen. Wer über persönliche Freiheit verfügt, kann den ganzen Tag tun, was er möchte. Die Frage ist also, ob wir über persönliche Freiheit verfügen.

Wenn ihr angestellt seid, werdet ihr die Frage jedenfalls mit nein beantworten können. Euer Chef gibt die Rahmenbedingungen für die Arbeit vor und es muss die Arbeit erledigt werden, die euch zugeteilt wird. Ihr seid davon abhängig, dass ihr für eure Arbeitsleistung (und damit auch die damit verbundene Zeit) Geld erhaltet. Mit diesem Geld könnt ihr dann euren Lebensunterhalt bestreiten.

Wie schaut es bei Selbständigen aus? Diese können Aufträge von Kunden annehmen oder auch ablehnen. Sie können zwei Monate in Urlaub fahren, ihre Tochter Mittwoch von der Schule um 12 Uhr abholen und mit ihr ein Eis essen gehen. Das klingt nach einer Menge Freiheit. Dann müsste man sich ja eigentlich nur selbständig machen und als Selbständiger das anbieten, was man gut kann, richtig?

Weit gefehlt, denn an die Stelle des Chefs rückt der Kunde. Wenn ein guter Kunde im Urlaub anruft, dann wird man rangehen. Man wird auch das kurzfristig angesetzte Meeting um 12 Uhr machen und die eigene Tochter versetzen, wenn davon die Finanzierung einer größeren Anschaffung für die Familie abhängig ist. Und das wird man zumindest solange tun, bis man auf das Geld dieses Kunden nicht mehr angewiesen ist. Denn solange eine finanzielle Abhängigkeit besteht, muss man sich nach den Wünschen der Kunden richten. Auch wenn die Freiheit größer ausgeprägt ist als beim Angestellten so muss auch der Selbständige oft seine Zeiteinteilung seinen finanziellen Bedürfnissen unterordnen.

Der Schlüssel zu allem ist also tatsächlich das Geld, aber die entscheidende Komponente ist immer passives Einkommen. Verfügt man über genug passives Einkommen etwa in Form von Mieten oder Kapitalerträgen und hat man sich einen soliden Vermögensgrundstock aufgebaut, dann hat man auf einmal ganz andere Möglichkeiten als jemand, der „nur" gut verdient. Man arbeitet nicht, weil man muss sondern weil man will und weil es Spaß macht.

Der Chef möchte nicht, dass man Homeoffice macht? Man kann in einen anderen Job wechseln oder sich selbständig machen. Verdient man dadurch weniger Geld ist das nicht so wichtig, wenn man nicht darauf angewiesen ist. Gleiches gilt für den Kunden, der auf sein Meeting um 12 Uhr besteht. Du kannst Zeiten definieren, die Dir gehören. Viele Kunden werden damit weniger Probleme haben als Du denkst. Aber Du gehst damit nicht das Risiko ein, am Ende des Monats Deine Ausgaben nicht decken zu können. Verlierst Du den Kunden, weil Du zwei Wochen lang im Familienurlaub nur eingeschränkt erreichbar bist, dann kannst Du das ganz entspannt sehen.

So verrückt sich das anhört, aber Geld zu investieren und sich ein Vermögen aufzubauen, verhilft Dir langfristig zu einem viel bewussteren Leben, dass wesentlich weniger auf Geld ausgerichtet ist, als das Leben der meisten anderen. Wer nicht auf jeden Cent angewiesen ist, kann sich die ein oder andere Überstunde ebenso sparen, wie die Absage von persönlichen Terminen oder das Arbeiten im Urlaub. Das ist doch eine wirklich gute Nachricht!

Die schlechte Nachricht! Es bedeutet einige Zeit der Entbehrungen und des Verzichts. Es bedeutet eine Zeitlang die Cents zwei- bis dreimal umzudrehen, Ausgaben zu überdenken, sparsamer zu leben als man eigentlich müsste. Dafür hat man bei richtigem Vermögensmanagement das ganze Leben etwas davon.

Man kann den guten und nachhaltigen Vermögensaufbau auch mit dem Erwerb einer wichtigen beruflichen Qualifikation vergleichen. Ich habe mich zum Beispiel viereinhalb Jahre lang neben meinem Job durch ein Promotionsstudium gequält, an Wochenenden Seminare besucht, und in meiner Freizeit – bevorzugt nachts – meine Dissertation geschrieben. In dieser Zeit habe ich auf enorm viel verzichten müssen und so manche privaten Termine abgesagt. Dafür bleibt mir der Abschluss ein Leben lang erhalten und ich kann auf die beruflichen Vorteile dadurch immer zurückgreifen.

Ähnlich wird es Dir auch beim Vermögensaufbau gehen. Allerdings hast Du, wenn Dein Fundament solide ist, dann eine lebenslange finanzielle Freiheit. Und – als kleine Motivation – Du musst nicht bis zum Erreichen dieses Ziels warten, bis Du erste Erfolge siehst. Während es beim Studienabschluss nur schwarz oder weiß gibt, nämlich den erfolgreichen Abschluss des Studiums oder dessen Abbruch, gibt es hier zahlreiche Schattierungen.

Vielleicht bist Du nach einiger Zeit noch nicht finanziell frei, aber hast ein solides Nebeneinkommen, dass Deinen Spielraum im Berufsleben erheblich erhöht. Du brauchst vielleicht noch Deinen Job, aber Du könntest bereits in Teilzeit gehen und trotzdem gut weiterleben. Immer, wenn Dir bewusst wird, dass Du so eine Stufe erreicht hast, wird Dich das auf Deinem harten Weg weiter motivieren. Auf dem Weg zur finanziellen Freiheit wirst Du Dir bald die Frage stellen, wie Du am besten investierst. Doch bevor es soweit ist, musst Du Deine Finanzen einmal in den Griff bringen. Im nächsten Kapitel zeige ich Dir, was das für Herausforderungen mit sich bringt.

.

3

WO STEHE ICH?

Schaut euch einmal gut an, wie euer Umfeld mit Finanzen umgeht! In meinem Umfeld würde wohl keiner von sich behaupten, dass er seine Finanzen nicht im Griff hat. Glücklicherweise haben alle meine Freunde einen Arbeitsplatz und teilweise auch recht gute Jobs.

Dennoch merkte ich mit der Zeit, dass immer mehr Leute aus meinem Freundes-, Kollegen- und Bekanntenkreis sich über ihre finanzielle Lage beklagten. Wenn ich dann äußerte, dass ich eigentlich sehr zufrieden bin, war ich oft mit seltsamen Reaktionen konfrontiert. Gefangen in ihrer eigenen Bubble merkten meine Gesprächspartner nicht, dass sie einen kapitalen Fehler machten. Sie hatten keinen Überblick über Ihre Finanzen. Klar kannten Sie ungefähr ihr Nettogehalt, wobei es auch hier oft erstaunliche Unschärfen von mehreren Hundert Euro gab. Sie konnten aber zu weiteren Einnahmen, sofern vorhanden und zu den monatlichen Ausgaben keine treffsicheren Angaben machen. Die einzige Pauschalaussage, die ich oft gehört habe, war, dass das was reinkommt auch mehr oder weniger wieder rausgeht.

Wer am Ende des Monats sein Geld regelmäßig komplett ausgibt und bereits voll im Berufsleben steht, macht etwas falsch. Man kann sogar so weit gehen, dass derjenige seine Finanzen nicht im Griff hat.

Während es bei Studenten noch halbwegs verständlich ist, dass am Ende eines Monats nicht viel übrigbleibt, so ist die bei Berufstätigen ein sicheres Zeichen dafür, dass man über seine Verhältnisse lebt. Das mag jetzt hart klingen, aber wer genau so viel ausgibt wie er einnimmt, muss entweder seine Einnahmen massiv erhöhen oder seine Ausgaben senken. Da es oft schwierig ist kurzfristig mehr Geld einzunehmen, sollte man sich zunächst einen Überblick über seine Ausgaben verschaffen. Bei vielen meiner Freunde landen die Kontoauszüge im Papierkorb. Dies kann der echte oder der virtuelle Papierkorb am Computer sein, der Effekt ist derselbe. Bargeld wird einfach abgehoben und ausgegeben, ohne dass größere Ausgaben irgendwo vermerkt werden.

Dies hat zur Folge, dass die Leute gar nicht genau wissen, wofür sie Geld ausgeben und es geht sich jeden Monat gerade so aus (wie man in Österreich sagen würden). Da ist es dann auch kein Wunder, dass die Ausgaben aus dem Ruder laufen.

* * *

Bei Dir sollte das natürlich anders sein. Nimm zunächst Deine Einnahmen in den Blick! Über seine Einnahmequellen hat man – zumindest, wenn man noch nicht investiert ist, was sich nach Lektüre dieses Buchs hoffentlich ändert

– zumeist schnell einen Überblick gewonnen. Bei den meisten Personen wird am Anfang die einzige Einnahmequelle das Gehalt sein. Hierbei sollte man nur mit seinem Fixgehalt kalkulieren, also etwaige Boni oder nicht garantierte Sonderzahlungen außen vor lassen. Schwankt das Gehalt, etwa weil man Überstundenpauschalen, Trinkgelder oder sonstige Zulagen kassiert, sollte man über einen gewissen Zeitraum einen Mittelwert bilden. Sofern es möglich ist, sollte man sich hier wenigstens ein Jahr anschauen. Erhält man fixe Sonderzahlungen, wie etwa das in Österreich in vielen Bereichen übliche 13. und 14. Gehalt, dann kann man dies ruhig in seine monatliche Kalkulation mit einfließen lassen. Nach wenigen Minuten wird man sein Jahresnettogehalt und sein durchschnittliches Monatsnettogehalt vor Augen haben. Das ist der Betrag, der einem monatlich im Schnitt zur Verfügung steht.

Die eigentliche Arbeit beginnt allerdings erst jetzt bei den Ausgaben, denn hier ist es meistens etwas unübersichtlich. Gewisse Posten wie Miete, Strom- und Heizkosten werden einem schnell auffallen. Diese sollte man sich notieren. Zu den monatlichen Kosten gehören auch Abos, deren Kosten sich schnell summieren können. Für weitere Kosten musst Du Dich dann auf die Suche begeben, weil diese oft im Quartal, halbjährlich oder jährlich abgebucht werden. Diese Posten solltest Du sammeln und auf die einzelnen Monate aufteilen. Dies sind zum Beispiel oft Kosten für Versicherungen. Natürlich solltest Du auch Hobbys berücksichtigen, deren Kosten fix kalkuliert werden können. Das können der Mitgliedsbeitrag im Sportverein oder die Kosten für Klavierunterreicht sein.

***

Mathematik war wahrscheinlich auch nicht euer Lieblingsfach in der Schule. Dennoch werden wir auf dem Weg zur finanziellen Freiheit die ein oder andere Rechenaufgabe zu lösen haben. Ich garantiere dafür, dass es hier mehr Freude macht. Schließlich geht es hier nicht um irgendeine langweilige Textaufgabe in der Schule oder gar um Kurvendiskussionen und dergleichen. Es geht einzig und allein um Deine finanzielle Freiheit! Das sollte man sich immer vor Augen halten, wenn man ein Motivationstief hat.

Ich habe unten einfach einmal eine Beispielrechnung erstellt. Der Einfachheit halber nur mit vollen Euro-Beträgen. Es handelt sich hier nur um ein Beispiel. Bestimmte Kosten können, abhängig vom Wohnort und der persönlichen Situation anders sein.

Wenn Du in einer Wiener Altbauwohnung mit einem gesicherten Mietzins wohnst, wirst Du weniger Mieter zahlen, als jemand in der Münchner Innenstadt. Manche werden auf ein Fitnessstudio der gehobenen Kategorie mit Sauna oder Schwimmbad nicht verzichten wollen, andere treiben Sport, indem sie im nahegelegenen Wald laufen gehen, was gar nichts kostet. Deine individuelle Rechnung kann daher mehr oder weniger Posten enthalten.

Diese Rechnung könnte in etwa so aussehen:

Einnahmen	Ausgaben

Nettogehalt (inkl Sonderzahlungen)	2100 EUR	Miete	720 EUR
		Strom und Gas	47 EUR
		Netflix	8 EUR
		Fitnessstudio	25 EUR
		Kfz-Versicherung	70 EUR
		Hausratsversicherung	10 EUR
		Haftpflichtversicherung	12 EUR
		Mitgliedschaft im Schützenverein	11 EUR
Überschuss 1197 EUR			

Es bleiben also über 1.000 EUR übrig, welche zur Verfügung stehen. Natürlich ist das nicht die Summe, die für Investments zur Verfügung steht. Dieser Einwand ist durchaus berechtigt. Doch bevor wir das Geld angemessen aufteilen und damit eine gewisse Investitionssumme ansparen müssen wir uns fragen, ob wir mit diesem Betrag auch zufrieden sind. Bei einigen von euch wird es Verbesserungspotential geben.

* * *

Ich kann mich noch gut an meine erste Rechnung dieser Art erinnern. Jeder hat Ausgaben, die verzichtbar sind. Gehe ich wirklich so oft ins Fitnessstudio, dass es sich lohnt? Oder habe ich mich nur zu Jahresbeginn angemeldet, weil das ein „guter Vorsatz" war? Brauche ich mein Auto oder verursacht es nur Kosten? Dies hängt sehr stark von Deiner Wohnlage ab. Ich habe lange in Wien gewohnt und brauchte daher kein Auto. Neben den hohen Kosten für die Versicherung hätte ein Stellplatz ein großes Loch in meine Haushaltskasse gerissen ohne dass ich davon einen größeren Nutzen gehabt hätte. Also habe ich mich bewusst gegen das Auto entschieden. Vielleicht habe ich nicht einen Streamingdienst abonniert, sondern gleich mehrere ohne alle zu nutzen? Solche Kosten sollte man hinterfragen und auch abdrehen. Übertreiben sollte man es dabei natürlich auch nicht. Wer gern ins Fitnessstudio geht, soll dies auch weiterhin tun.

* * *

Wie ihr seht verfolge ich nicht exakt den Ansatz der Frugalisten, zumindest nicht den extremen. Dennoch sollte man sich an dieser Stelle mit Frugalismus ein bisschen beschäftigten.

Sicher hat der ein oder andere von euch schon etwas von Frugalismus gehört. Der Begriff kommt aus den USA, wo die Frugalistenszene im Zuge der Finanzkrise 2007 auch entstanden ist. Der Begriff „frugal" bedeutet hierbei einfach oder bescheiden und ist zumeist auf die Lebensweise eines Menschen bezogen.

Frugalisten leben extrem bescheiden, sparen einen überwiegenden Teil ihrer Ersparnisse, um möglichst früh nicht mehr vom Arbeitseinkommen abhängig zu sein. Das Ziel ist es im Alter von 35 bis 40 in Rente zu gehen und nur noch das zu tun, was man möchte. Der Lebensstil kann hierbei in der Rente natürlich nicht hochgeschraubt werden.

Dieser Ansatz eignet sich für einige Menschen, die mit dem spartanischen Lebensstil der Frugalisten klar kommen. Wer kein Problem hat sein Leben auf die Grundbedürfnisse für immer runterzuschrauben kann hier sein Glück finden. Frugalismus in seiner vollen Ausprägung ist aber meiner Meinung nach nichts für die breite Masse.

Das heißt nicht, dass man von diesen Menschen nicht extrem viel lernen kann und sich einige Tricks und Kniffe abschauen kann. Hierbei kommen wir zu einem beliebten Fehler, den viele Millennials machen. Zumindest habe ich in meinem Umfeld beobachtet, dass viele diesen Weg gehen. Mit steigenden Einnahmen, steigen bei vielen die Ausgaben signifikant an. Sie folgen sogar quasi fast 1:1 den Einnahmen und halten nur einen geringen Respektabstand. Umgelegt auf unser Beispiel oben heißt das etwa, dass die Person durch eine Beförderung mit Gehaltserhöhung 200 EUR netto mehr verdient.

Mehr oder weniger zeitgleich wird zu einem gehobenen Fitnessstudio gewechselt, ein weiteres Abo abgeschlossen und auch nebenher mehr Geld in der Freizeit ausgegeben. Am Ende des Monats bleibt der Person exakt die gleiche

Summe übrig. Wer so handelt, wird nicht einmal in die Nähe einer gewissen finanziellen Freiheit kommen. Er oder sie kann es gar nicht schaffen.

Was man von Frugalisten auf jeden Fall lernen kann ist, dass man sich vor Ausgaben auch überlegt, ob diese sein müssen. Ich mache es zum Beispiel beim Einkaufen manchmal so, wenn ich etwas interessantes sehe, dass ich es nicht sofort kaufe, aber ein Handyfoto davon mache oder es mir für ein paar Tage zurücklegen lasse. Dann lasse ich mir die Ausgabe in dieser Zeit durch den Kopf gehen. Brauche ich das wirklich? Denke ich vielleicht nach ein paar Stunden gar nicht mehr daran? Wäre das nur ein impulsiver Kauf gewesen? Auch beim Online-Shopping lohnt sich diese Taktik. Die gewünschten Produkte dürfen ruhig einige Zeit im Warenkorb bleiben, bevor tatsächlich bestellt wird. Bei vielen Webshops gibt es auch die Option „Für später speichern". Diese Nutze ich regelmäßig, wenn ich etwas interessantes sehe.

Hier etwas bewusster zu leben, heißt für einige von uns, mit ihnen Bekannten Handlungsweisen zu brechen. Viele Menschen aus der Generation Y sind sehr verwöhnt, wenn es darum geht ihre Wünsche zu erfüllen. Ihr müsst euch aber daran gewöhnen, euch auch mal den ein oder anderen Wunsch nicht zu erfüllen.

Umgekehrt möchte ich keinem zumuten bis zum 40. Lebensjahr nicht mehr essen zu gehen oder mit Freunden einen Wochenendtrip zu machen, nur um eher in Rente zu gehen. Ich weiß aus eigener Erfahrung, dass ein gutes Essen mit Freunden oder ein Wochenende mit Ihnen unbezahlbar ist.

* * *

Ein großer Fehler, den viele machen, ist es, Geld für Freizeit und Investition nicht zu trennen. Natürlich kann ich mich wie oben beschrieben bei jeder Ausgabe fragen, ob das noch in meinem „Freizeitbudget" ist. Ich kann aber auch beide Summen trennen und mir damit das Leben erleichtern. Ich gehe nämlich mal davon aus, dass Rechnen auch nicht euer größtes Hobby ist. Zudem kann man sich sonst auch leicht selbst hinters Licht führen.

Wer also keine Lust auf Matheaufgaben hat, sich selbst nicht ganz traut oder es einfach gewohnt ist, nicht aufs Geldausgeben zu schauen, der sollte sein Investitionskapital gleich von seinen anderen Ausgaben separieren. Dies geht am besten, indem man ein Sparkonto oder Tagesgeldkonto anlegt und mit Dauerauftrag einen Betrag pro Monat dorthin überweist. Am Besten dies geschieht unmittelbar nachdem das Gehalt eingegangen ist. Dieses Geld ist nur für Investitionen und wird für nichts anderes angetastet! Diese Regel ist enorm wichtig. Wenn ich mir am 15. des Monats regelmäßig die Hälfte des Geldes zurück überweise, werde ich mir kein Kapital zum Investieren aufbauen können.

Du solltest Dir also überlegen, wieviel du von Deinem überschüssigen Geld für Dich benötigst. Ziehe von dem Überschussbetrag – in unserem Beispiel sind es 1197 EUR – das ab, was Du für Dich selbst benötigst. Wahrscheinlich brauchst Du einen Betrag von 200 bis 300 EUR für Deine

Ausgaben des täglichen Bedarfs. Gehen wir mal davon aus, dass Du 900 EUR am Ende übrig hast.

* * *

Je mehr Geld Du zur Seite legen kannst, desto schneller kannst Du Deine Investitionsziele erreichen. Ich fände es bei unserem Beispiel gut, 400 bis 500 EUR im Monat auf das Sparkonto zu überweisen. Damit bleiben noch 400 bis 500 EUR im Monat für reine Spaßausgaben. Wenn Du merkst, dass mehr Sparpotential drin ist, dann passe Deine Rate nach oben an. Mehr geht immer! Deine Rate sollte nach Möglichkeit über 20% von Deinem Nettogehalt liegen. Nach oben sind gibt es meiner Meinung nach keine Grenze. Ich persönlich spare über 45%, Du kannst aber auch mehr sparen und bist damit etwas näher am Ansatz der Frugalisten. Hier muss jeder seinen Weg finden.

Eine oftmals schwierige Aufgabe, ist die Erhöhung der Einnahmen. Zum Chef zu gehen und mehr Geld zu fordern ist meistens ein schweres Unterfangen und erfordert auch einiges an Courage. Wenn es Dir gelingt, mehr Geld herauszuhandeln, dann erhöhe wie gesagt Deine Sparquote, aber nicht unbedingt Deine Ausgaben.

Vielleicht bist Du zu einem geringen Grundgehalt eingestiegen und hast Deinem Chef mit der Zeit bewiesen, dass Du mehr Wert bist. Dann nutze die Chance im Unternehmen aufzusteigen! Gehe selbstbewusst in Personalgespräche herein und sei dabei vor allem gut vorbereitet.

So wird es Dir bereits nach einiger Zeit gelingen, Dein Einkommen Schritt für Schritt zu steigern.

Gerade der Start ins Berufsleben, kann aber auch sehr holprig verlaufen. Ich kann mich noch sehr gut an meinen ersten Job in der freien Wirtschaft erinnern. Die Bezahlung war eher dürftig, der Chef unfreundlich und der Ort hat mir auch nicht gefallen. Ich pendelte jedes Wochenende 200 km in den Ort, wo ich studiert hatte, um Freunde und Bekannte zu treffen. Finde heraus, was Du im Job ändern kannst. Wenn Dir der Chef auf die Nerven geht, Gehaltssprünge nicht drin sind und Dir der Ort nicht gefällt, dann sehe Dich bitte auch nach einem neuen Job um. Einige ehemalige Kollegen, die ebenso unzufrieden waren wie ich, sind heute noch dort angestellt. Ich frage mich, ob diese Leute an Wunder glauben oder einfach den inneren Schweinehund nicht überwinden können. Es gibt nur ein Leben! Wenn die Rahmenbedingungen gar nicht passen, muss man selbst den Rahmen ändern. Ganz einfach.

Ich habe das damals auch getan und hatte auch das Glück, gleich etwas mehr Geld herauszuhandeln. Ich habe meine Ausgaben nicht erhöht und das Geld zunächst gespart. Im Anschluss habe ich gleich meine erste Immobilie gekauft.

Du solltest es ebenso machen. Wenn Dir das auch gelingt und Du dann einen besseren Job hast, erhöhe um Gottes willen nicht gleich Deine Ausgaben. Lebe einfach genauso weiter und gönne Dir gezielt etwas. Der größte Fehler, den die meisten Menschen machen, ist es, sofort ihren Lebensstil hochzuschrauben. Das sind auch die Leute, die tatsächlich das gesamte Urlaubsgeld für Urlaub und das gesamte

Weihnachtsgeld für Weihnachtseinkäufe ausgeben. Reflektiere Dein Verhalten und überlege Dir, ob das wirklich so eine gute Idee ist, oder ob Du nicht genauso glücklich damit sein kannst, Dir gezielt etwas zu gönnen.

Ich kann mich noch gut an ein Gespräch im Kollegenkreis erinnern, bei dem es um Autos ging. Ein Kollege von mir hat tatsächlich keinen Führerschein und meinte, das wäre ausgabentechnisch auch gut, denn er brauche ja ein standesgemäßes Auto. Ich denke mir dann immer: Wo steht das? Wer sagt bitte, dass man nur weil man viel verdient, auch große Autos fahren muss. Muss ein erfolgreicher Unternehmer immer im BMW unterwegs sein oder tut es auch ein Toyota?

Ich fahren einen 10 Jahre alten, aber zuverlässigen Kleinwagen. Mit diesen Auto hatte ich schon eine Menge Spaß und bin damit auch quer durch Europa gefahren. Was würde es mir bringen, das gleiche in einem BMW oder Mercedes zu tun. Das sind zweifelsohne die schöneren und auch leistungsfähigeren Autos, aber glücklicher macht dich das dies nicht unbedingt. Ich finde den Gedanken, einmal finanziell frei zu sein, viel erfüllender.

Wenn im Job keine Erhöhungen (mehr) drin sind, gibt es vielleicht die Gelegenheit sich noch etwas nebenher zu verdienen, falls Du die Zeit hast oder Dir andere Einnahmequellen zu erschließen. Du wirst dabei auch merken, dass es schwierig ist, sich Einnahmequellen zu erschließen, was das investieren umso wichtiger macht.

Stell Dir einmal vor, Du müsstest gar nichts dafür tun, dass Du am Ende des Monats mehr Geld auf dem Konto hast, weil Du Dividenden und/oder Mieteinnahmen hast.

Dieses sogenannte passive Einkommen entscheidet darüber, ob Du Dir eine gute Lebensgrundlage aufbauen kannst. Hast Du passives Einkommen, hast Du allen anderen in deinem Alter viel voraus. Hast Du kein passives Einkommen, dann heißt es Vollzeit arbeiten, bis zum Rentenbeginn. Genau das ist der Schlüssel zur finanziellen Freiheit. Das ist da, wo man hin sollte.

Bis wir als Generation Y in Rente gehen können, wird das Renteneintrittsalter aber noch ein paar Mal erhöht werden, was nicht unbedingt heißt, dass sich durch die längere Beitragszeit dann auch die Rente erhöht.

Wenn Du Dich auf eines nicht verlassen kannst, dann sind es auf Zusagen von Politikern. Immerhin das ist den meisten Millennials bewusst.

4

GRUNDREGELN

Bevor wir nun auf ein paar Grundregeln des Investierens eingehen, ist es Zeit mit ein paar Fehlern aufzuräumen. Kaum ein Wort aus der Finanzwelt wird im Alltag so häufig falsch gebraucht wie das Wort „Investment". Dies sollte Dir in Zukunft nicht mehr passieren.

Vor kurzem rief mich ein Kumpel an, um mir von seiner neuesten „Investition" zu erzählen. Ich war überrascht und gespannt zugleich. Einerseits tausche ich mich immer gern über Investitionsmöglichkeiten aus, andererseits war ich überrascht, gerade von diesem Freund zu hören, dass er investiert. Immer dann, wenn ich das Thema einmal anschnitt, wechselte er nämlich zu etwas anderem. Investitionen und Vermögensaufbau waren eigentlich so gar kein Thema für ihn.

Ich sollte mich bestätigt fühlen, denn mein Kumpel erzählte mir nichts über Aktien, Immobilien oder eine tolle Geschäftsidee, die er jetzt in die Tat umsetzen wird. Er erzählte mir davon, dass er sein funktionstüchtiges Auto verkauft bzw. beim Händler in Zahlung gibt, um sich einen

Neuwagen zu kaufen. Meine eher verhaltene Reaktion konnte er überhaupt nicht nachvollziehen.

Es folgten dann Ausführungen, warum er jetzt gerade sein Auto verkaufen müsse und warum das neue Auto so ein super Preis war. Man muss dazu sagen, dass sein altes Auto tadellos funktionierte und weder besonders alt war noch extrem viele Kilometer drauf hatte. Er war sich sicher, den Deal seines Lebens gemacht zu haben und enorm viel Geld zu sparen. Das ist dann der Moment, wo ich das Thema wechsle. Ich stellte mir noch kurz vor, was ich mit dieser nicht geringen fünfstelligen Summe alles angestellt hätte.

* * *

Solche falschen Vorstellungen vom Investieren kommen nicht von ungefähr. Ich lernte an der Schule über Wirtschaft so gut wie gar nichts. Wenn Wirtschaft dann einmal Thema war, dann meist im negativen Kontext. Es klingt vielleicht für den ein oder anderen etwas übertrieben, aber gerade in Fächern wie Politik, Sozialwissenschaft oder wie auch immer das Fach im jeweiligen Bundesland heißt, sind oft Lehrer am Start, die Wirtschaft nur aus der Theorie kennen und eher linken Überzeugungen anhängen. Hier kann ich nur sagen: Ich wünsche viel Spaß beim Träumen von einer besseren Welt und beim Verfluchen der bösen Wirtschaft, liebe Lehrer, aber so wird keiner eurer Schüler finanziell etwas reißen.

Aber auch sonst setzt die Schule meiner Meinung nach die falschen Schwerpunkte. Ich will hier nicht die klassische humanistische Bildung kritisieren, die sicher in der Schule ihren Platz hat und auch keineswegs umsonst ist, aber wieso erklärt einem keiner, wie das Wirtschaftsleben funktioniert? Wieso es Aktien gibt, was eine Aktie eigentlich ist? Mit der achtzehnten Gedichtinterpretation hilft man niemandem weiter. Gerade Kindern und Jugendlichen aus ärmeren Haushalten lässt man damit im Regen stehen. Wer aus reichem Hause ist, dem geben die Eltern oft nicht nur ein nettes Startkapital mit auf den Weg, sondern auch das Wissen damit umzugehen, weil sie die Grundregeln des Investierens auch selbst beherrschen. Alle anderen dürfen sich diese selbst erarbeiten.

* * *

Nach dieser kurzen Ursachenforschung möchte ich aber dazu zurückkommen, was ein Investment eigentlich ist. Investieren kommt eigentlich vom Lateinischen *investire* was kleiden oder bekleiden bedeutet. Heute heißt es im Prinzip nichts anderes als der Einsatz von Kapital, in der Regel in der Form von Geld, in der Hoffnung das dieses Profit schlägt. Damit wäre auch schon klar, was ein Investment sein kann und was nicht. Ist ein Profit in der Zukunft ausgeschlossen, ist es kein Investment. Ist dieser nahezu ausgeschlossen ist es ein schlechtes Investment, ist der Profit wahrscheinlich oder sehr wahrscheinlich, dann ist es ein gutes Investment.

Das Auto meines Freundes erfüllt die Kriterien für ein Investment also nicht. Es ist ausgeschlossen, dass er es mit Gewinn verkaufen kann. Es verliert jeden Monat an Wert, selbst wenn alles gut geht und keine Unfälle passieren. Jeder Kratzer mindert natürlich den Wert. Wichtig für das Mindset eines Investors ist es, Investitionen als solche zu bezeichnen und andere Dinge als das zu bezeichnen was sie sind, nämlich Konsumausgaben.

* * *

Vielleicht hast Du gerade geschluckt und Dich gefragt, warum ich Dich als Investor anspreche. Wir bringen den Begriff des Investors oft mit Personen in Verbindung die reich sind. Warren Buffet ist ein Investor, der schwerpunktmäßig Firmenbeteiligungen besitzt. Daniel Benko ist ein Investor, der mit Immobilien viel Geld gemacht hat. Kann ich mich denn als Investor bezeichnen?

Die Antwort lautet klar: Ja, natürlich! Auch das gehört zum Mindset. Man ist Investor, wenn man einer sein möchte und beschlossen hat, sein Leben selbst in die Hand zu nehmen und mit dem Geld, das man hat, etwas sinnvolles zu machen und damit Profite zu erwirtschaften. Mit diesem Geld zu arbeiten.

Wie oben bereits erläutert, heißt investieren noch lange nicht, dass man Profite macht. Der Profit bleibt immer etwas ungewisses. Jeder der investiert kann und wird auch Verluste machen. Zumindest kann so manches Investment zu einem bestimmten Zeitpunkt wenig lukrativ sein. Braucht man dann das Geld, hat sich der Verlust realisiert.

Einer meiner Freunde, der auch wie wir alle zur Generation Y gehört, sprach mich vor längerer Zeit einmal auf das Thema Aktien und ETFs an. Im Detail werde ich später noch auf das Thema eingehen. Ich erklärte ihm einen Abend lang, was ich da eigentlich mache und zeigte ihm auch ganz offen mein Depot, dass damals Wertpapiere im Wert von 10.000 EUR enthielt und ca. 10 % im Plus war.

Er fragte mich, was denn wäre, wenn das Depot im Minus wäre und ob ich dann ruhig schlafen könne. Natürlich kann ich ruhig schlafen, denn ich brauche das Geld ja nicht. Mein Depot war zum Höhepunkt der Coronakrise über 20% im Minus dürfte jetzt gerade so wieder 30% im Plus sein. Ich checke mein Depot regelmäßig, aber ich fiebere jetzt nicht mit ob ich morgens 80 EUR reicher oder 200 EUR ärmer bin als am Vortag. Je mehr Geld Du in Wertpapiere veranlagst, desto mehr in absoluten Zahlen werden sich Schwankungen auswirken. Die sogenannte Volatilität gehört bei Wertpapieren einfach dazu.

Ich habe Dir eben erläutert, dass Du ein Sparkonto brauchst, um Investitionskapital zu sammeln. Das ist auch nach wie vor richtig. Um aber auch ruhig schlafen zu können, brauchst Du ein weiteres Sparkonto als Notgroschen. Dieses Geld darf nur angetastet werden, wenn es anders nicht mehr geht. Wenn zum Beispiel mein Auto eine Reparatur braucht und ich die Reparatur aus dem laufenden Gehalt zahlen kann, dann leiste ich mir in dem Monat einfach etwas weniger. Es kann aber auch einmal schlecht laufen und auf diesen Fall sollte man vorbereitet sein.

Wenn es mal nicht läuft bei euch, dann darf es nicht am Geld scheitern. Stellt euch vor Auto, Kühlschrank, Laptop und eine teure Handwerkerrechnung müssen im gleichen Monat bezahlt werden. Am besten kommt noch eine Stromnachzahlung der Stadtwerke oben drauf.

Für solche Extremfälle sind die Notgroschen da. Diese sollte man angespart haben, bevor es mit dem Investieren richtig los geht. Auch in den Fällen, wo eine Investition langfristig vernünftig ist, kann es immer auch ein schlechten Zeitpunkt geben, die Investition wieder zu Geld zu machen. Genau das vermeiden Deine Notgroschen.

Wieviel Notgroschen Du brauchst, hängt stark von Deiner Lebenssituation und Deiner Risikobereitschaft ab. Auch wenn es mir viele Freunde nicht glauben, bin ich trotz Investitionen in Immobilien, Aktien und Kryptos kein Mensch, der das Risiko über alles liebt. Ich nehme es eher als notwendiges Übel in Kauf. Ich habe keinen Spaß daran ein Risiko einzugehen.

Aus diesem Grund rechne ich mir am Ende des Jahres aus, was ich mit Bonus netto verdient habe. Ich habe am Anfang begonnen mir einmal zwei Nettogehälter zurückzulegen. Mit steigender Investitionssumme habe ich diese Summe immer weiter erhöht. Mittlerweile brauche ich ein halbes Nettojahresgehalt als Sicherheit, damit es mir gut geht. Das klingt viel, aber ich kann mit dieser Summe einfach gut schlafen. Wer etwas risikobereiter ist, kommt sicher auch mit zwei bis drei Nettogehältern sehr gut zurecht.

Durch meine Rücklagen stelle ich sicher, dass ich immer nur Geld investiere, dass ich nicht brauche. Kein Mensch kann mich zwingen eine Aktie oder Immobilie zu verkaufen, wenn es mal nicht so gut läuft. Ich kann schlechte

Marktlagen einfach aussitzen. Ein ganz wichtiger Punkt zum Schluss: Vergiss nicht Deine Notgroschen wieder aufzufüllen, falls Du etwas von dem Geld benötigt hast.

*　*　*

Du kannst beim Investieren viel Geld verdienen und Dir mit dem passiven Einkommen viele Wünsche erfüllen. Investieren kann aber auch zum Albtraum für Dich werden, wenn Du nicht verstehst, in was Du investierst. Ohne entsprechende Kenntnisse geht also nichts und ich werde mich bemühen, den Dschungel etwas zu lichten.

Ich habe zum Beispiel mit Investieren in eine Immobilie begonnen. Der Nachteil ist, dass Du eine gewisse Summe Eigenkapital brauchst, um das umzusetzen. Der Vorteil ist, dass es im Prinzip recht einfach funktioniert. Aktien hielt ich damals – zu Unrecht – für zu komplex.

Wenn Du beschließt in Immobilien zu investieren, dann brauchst Du viel Hintergrundwissen zum Immobilienmarkt in der Region, in der Du investieren willst, Du solltest Dich rechtlich etwas auskennen und Du solltest auch ein bisschen handwerkliches Gespür besitzen.

Die mathematischen Skills hinter dem Investment, sind – zumindest um einmal die Grundzüge darzustellen – eher weniger komplex. Wenn Du das Gefühl hast, dass Dir ein Investment zu komplex ist, weil Du auch keine Möglichkeit hast bestimmte Dinge zu lernen, dann solltest Du das lieber nicht machen und Dich auf andere Investitionsmöglichkeiten fokussieren.

Es gibt zum Beispiel viele Leute, die mit Optionsscheinen Geld verdienen. Ohne jetzt zu sehr ins Detail zu gehen wettest Du bei Optionsscheinen auf einen bestimmten Kurs, also darauf dass ein Wertpapier steigt oder fällt. Tritt das Ereignis ein, hast Du viel Geld gemacht, tritt es bis zum Stichtag nicht ein, dann hast Du alles verloren.

Optionsscheine erfordern sehr komplexes Wissen über die Zusammenhänge an der Börse und eine starke Risikobereitschaft. Wenn Du das weißt und verstanden hast, dann kannst Du entweder dieses Risiko bewusst eingehen oder von Optionsscheinen komplett Abstand nehmen. Wenn Du keine Lust hast Dir Wissen darüber anzueignen, dann kommen Optionsscheine auch nicht infrage, denn dann könntest Du genauso gut Lotto spielen.

Die Deutschen und Österreicher sind sehr vorsichtig, wenn es um das Thema Schulden machen geht. Oft sind Schulden auch der Grund dass Leute finanzielle Probleme haben und am Ende sogar in Privatinsolvenz gehen müssen. Das heißt aber nicht, dass Schulden generell schlecht sind. Generelle Aussagen zu Finanzen sind, wie Du noch sehen wirst, meistens falsch.

Vielleicht kommt das negative Image von Schulden auch daher, dass in vielen Sprachen Schuld und Schulden komplett unterschiedliche Wörter sind, die nichts miteinander zu tun haben und sich sprachlich nicht ähneln. Schulden haben klingt doch irgendwie moralisch verwerflich, oder? Ich bin klar so erzogen worden, dass Schulden etwas schlechtes sind und man am besten gar keine haben sollte. Vielleicht geht es dem ein oder anderen von euch auch so.

In der englischen Sprache haben beide Begriffe zum Beispiel nichts miteinander zu tun. Während *guilt* die Schuld im strafrechtlichen, moralischen oder religiösen Sinne ist, heißen Schulden *debt*. Das klingt doch schon viel neutraler nach einem weiteren Posten in der Buchhaltung und nicht danach, dass man jetzt einen Fehler oder etwas verwerfliches gemacht hat.

Es gibt jedoch auch bei uns Schulden, von denen Du besser die Finger lassen solltest und die ich durchaus als schweren Fehler bezeichnen würde. Solltest Du diese Art von Schulden haben, dann musst Du diese schleunigst begleichen und so Deine Finanzen in Ordnung bringen. Dies gilt besonders für diejenigen, die beim Investieren später gute Schulden benötigen. Schlechte Schulden können hier ein „Deal Breaker" sein und Dir die Möglichkeit nehmen, überhaupt zu investieren.

Das Schlimmste, was Du tun kannst, ist Konsumschulden aufnehmen. Konsumschulden berauben Dich Deiner finanziellen Freiheit und nehmen Dir zahlreiche Möglichkeiten überhaupt zu investieren. Aus dem Grund rate ich auch, Dir ein Sicherheitspolster zuzulegen, bevor Du loslegst. Es bringt nichts Aktienpakete von 10 angesagten Unternehmen zu kaufen und dann auf dem Höhepunkt einer Krise, nur um die Aktien jetzt nicht verkaufen zu müssen, einen Kredit für ein Auto aufzunehmen, weil Du keine anderen Rücklagen hast.

Bei vielen Leuten liegt aber nicht einmal eine Notlage vor. Der häufigste Grund von Konsumschulden ist, dass Leute meinen, sie müssten mit Geld anderen beweisen, dass sie besser sind. Wenn ich zeige, was ich mir leisten kann, dann zeige ich meinen Erfolg. Ob man das machen sollte, sei jedem selbst überlassen. Ich persönlich halte davon gar nichts. Aber wenn man mit seinem Vermögen ein bisschen angeben möchte, dann sollte es schon das eigene sein. Ein Auto auf Pump ist weit verbreitet, aber so ziemlich das dümmste, was man tun kann, außer vielleicht in Fällen, in denen man das Auto beruflich benötigt.

Wenn ich mir etwas leisten möchte, was ich mir aktuell nicht leisten kann, dann gibt es ein super Rezept: Warten! Als Student war für mich ein Auto außerhalb jeder Reichweite. Als ich den ersten Job hatte, war dann schon ein kleiner Gebrauchtwagen drin. Einige Jahre später – zwischendurch hatte ich auch mal gar kein Auto – war auch ein modernerer Gebrauchtwagen möglich.

Umgekehrt gibt es auch gute Schulden, nämlich solche, welche Dir echte Investitionen ermöglichen. Mit diesen kannst Du einen Hebeleffekt erzeugen und Dein eingesetztes Kapital relativ schnell gewinnbringend vermehren.

Am besten lässt sich das am Thema am Beispiel Immobilien verdeutlichen. Nehmen wir einmal an, Du hast 20.000 EUR gespart und möchtest diese investieren. Am nachfolgenden Beispiel zeige ich Dir einfach mal was möglich ist. Einige Sachen bedürfen vielleicht näherer Erklärungen. Diese gebe ich Dir in den späteren Kapiteln, also nehmen wir die Zahlen einfach mal so, wie sie nachfolgend sind. Steuerrechtliche Aspekte lassen wir hier auch einmal außen vor.

Du investierst diese in Wertpapiere, zum Beispiel in einen thesaurierenden ETF. Nach einem Jahr hast Du 5% Gewinn gemacht und damit 21.000 EUR. Das wäre deutlich über allem was Dir ein Sparbuch bieten kann. Gehen wir davon aus, Du setzt jetzt „gute Schulden" ein, nämlich indem Du Dir eine Wohnung kaufst, die Du vermietest. Machen wir hier auch ein einfaches Beispiel und sagen, dass die Eigentumswohnung 100.000 EUR kostet, mit Nebenkosten gehen wir mal von einem Betrag von 110.000 EUR aus, die Du brauchst. Gerade als Anfänger möchte die Bank meistens, dass Du diese Nebenkosten nicht finanzierst, sondern aus einiger Tasche zahlst. Dieses Geld ist erst einmal weg und muss wieder erwirtschaftet werden.

Dir gelingt in diesem Beispiel eine ähnliche Rendite, wie beim ETF. Renditen bei Immobilien – zu Details kommen wir später noch – werden in der Form berechnet, dass eine Jahresnettomiete durch die Investitionssumme geteilt wird. Makler werden Dir das meist statt mit der Investitionssumme mit dem Kaufpreis ausrechnen, dies verzerrt aber oft das Bild, denn auch die Nebenkosten müssen ja wieder erwirtschaftet werden. Du würdest in diesem Beispiel also im ersten Jahr 5.500 EUR Jahresmiete einnehmen. Hiervon solltest Du noch ca. 1325 EUR Zinsen zum Abzug bringen (ich gehe in diesem Beispiel von einem Zinssatz von 1% bei einem Annuitätendarlehen auf 20 Jahre aus).

Die Zinslast wird die nachfolgenden Jahre immer weiter absinken, weil ja ein Großteil der monatlichen Rate für die Tilgung verwendet wird. Du kannst also in dem Beispiel mehr erwirtschaften, als mit den ETF, auch wenn das natürlich eine vereinfachte Rechnung ist. Nach kurzer Zeit hast Du Deine Ausgaben von 10.000 EUR wieder heraus und verdienst damit langfristig Geld. Gerade in Zeiten niedriger Zinsen bieten sich Immobilien also als Investitionsmöglichkeit besonders an.

Du musst also Dein Investment vor allem verstehen, denn sonst hängt Dein Erfolg vom Zufall ab. Dazu solltest Du wissen, was ein Investment ist und was nicht. Und Du musst Dir natürlich wissen über Dein Investment aneignen.

Du musst sichergehen, dass Du immer die Freiheit hast, über Dein Investment dann zu verfügen, wenn der Zeitpunkt passt. Aus diesem Grund brauchst Du ein entsprechendes Sicherheitspolster. Außerdem schläft es sich damit einfach besser. Du solltest den Unterschied zwischen Konsumschulden – also schlechten Schulden – und Schulden für Investitionen – also gute Schulden – kennen.

Du hast also viele Dinge, die Du beim Investieren immer im Hinterkopf behalten musst. In den nachfolgenden Kapiteln zeige ich Dir, was es bei einzelnen Investmentkategorien zu beachten gibt. Kurzer Disclaimer an dieser Stelle: Das wird in vielen Fällen nicht ausreichen und Du wirst noch viel mehr Details benötigen. Aber mit dem entsprechenden Grundwissen, wirst Du Dich wesentlich leichter treten und kannst verschiedenen Protagonisten – sie es ein Makler, ein Banker, ein Finanzierungsvermittler oder ein Co-Investor – auf Augenhöhe gegenübertreten.

Nach diesen ersten Kapiteln hast Du Dir sicher eine Pause verdient, aber wahrscheinlich mehr über das Investieren gelernt als in der Schule. In den weiteren Kapiteln gebe ich Dir einen kurzen Überblick, über verschiedene Investitionsmöglichkeiten. Du kannst gleich bei einer Art von Investitionen einsteigen oder Du kannst jedes Kapitel durcharbeiten, je nachdem was Dich mehr interessiert. Die eigentliche Arbeit beginnt dann allerdings erst.

»Warte nicht darauf in Immobilien zu investieren, investiere in Immobilien und warte.«

T. Harv Eker

5

IMMOBILIEN – GRUNDWISSEN UND DENKANSTÖßE

Was macht die Faszination von Immobilien aus? Ganz von der Profitabilität und der Möglichkeit Hebelkapital einzusetzen abgesehen, üben Immobilien auf mich eine große Anziehung aus. Warum mich diese Assetklasse so begeistert, möchte ich Dir kurz vermitteln. Vielleicht kann ich Dich ja mit meiner Begeisterung ein bisschen anstecken. Ich möchte aber zugleich auch die Nachteile nicht verschweigen. Immobilien sind nichts für jeden Investor.

Immobilien faszinieren mich und man kann mir zu recht vorwerfen, dass ich bei dem Thema etwas befangen bin, aber ich glaube, dass ich immer noch rational genug bin, um euch nicht nur die Vorteile sondern auch die Nachteile von Immobilien zu präsentieren.

Zunächst einmal ist der Einstieg bei Immobilien eine große Hürde. Die Nebenkosten für den Immobilienerwerb betragen in Deutschland bis zu 15% des Kaufpreises sein abhängig vom Bundesland und wie der Kauf genau abgewickelt wird. In Österreich kann man von ca. 10% ausgehen, wenn der Kauf ohne Makler erfolgt auch etwas weniger. Dieses Geld wird einem, zumindest als Anfänger, keine Bank finanzieren. Da eine Immobilie nicht um wenige Tausend Euro zu haben ist, müsst ihr also schon mal eine ganze Stange Geld hinlegen, um die Immobilie überhaupt erwerben zu können. Dieses Geld muss man erst einmal haben und vor allem dann durch die Vermietung wieder hereinholen.

Ein Vorteil von Immobilien ist die relative Wertbeständigkeit. Während Aktien und andere Wertpapiere an jedem Börsentag einen anderen Kurs haben und mehr oder weniger stark schwanken, sind die Entwicklungen bei Immobilien langsamer und etwas berechenbarer. Auch Immobilienmärkte können sich überhitzen und einbrechen, aber letztlich ist man als Inhaber einer Immobilie im Besitz einer relativ knappen Ressource. Gerade in Ballungsräumen und gefragten Wohnlagen wird die Nachfrage nicht von einen Tag auf den anderen wegbrechen.

Ein Nachteil sind gewisse Unwägbarkeiten beim Kauf einer Immobilie mit denen man oft leben muss. Gerade bei älteren Objekten können nicht mehr alle Informationen beschafft werden und man muss gewisse Annahmen treffen und Geld für allfällige Reparaturen einplanen. Dieser Nachteil wird bei Wohnungen meist durch Rücklagen kompensiert, die die Eigentümergemeinschaft gebildet hat. Diesen Posten sollte man aber einplanen.

Ein Vorteil ist – wie bereits beschrieben – die Möglichkeit, Kapital zu hebeln und mit wenig Kapitaleinsatz große Vermögenswerte zu erwerben, deren Schulden im Prinzip der Mieter abzahlt. Durch Abschreibungen für Zinsen und die Immobilie selbst, hast Du zudem auch steuerliche Vorteile.

Weiters gibt es noch steuerliche Vorteile. Immobilien in Deutschland können nach 10 Jahren Haltedauer steuerfrei verkauft werden. In Österreich gibt es solche Vorteile nicht mehr, allerdings kannst Du selbstgenutzte Immobilien unter bestimmten Umständen steuerfrei verkaufen, wenn Du entweder mehr als zwei Jahre dort gewohnt hast oder in den letzten 10 Jahren wenigstens 5 Jahre (und die Immobilie den Rest der Zeit z. B. vermietet war).

Einen Nachteil habe ich oben bereits anklingen lassen und das ist eine gewisse Unflexibilität. Wenn Du Immobilien einmal verkaufen willst, dauert das. Dem einen Interessenten platzt die Finanzierung, der nächste bietet viel zu wenig, wieder einer möchte in den Kaufvertrag Klauseln aufnehmen, die Du nicht akzeptieren kannst. Es kann Monate dauern, bis eine Immobilie verkauft ist. Ich musste diese Erfahrung selbst schon machen und es schlaucht, dann die zehnte Besichtigung für potenzielle Interessenten anzusetzen. Aktien hingegen sind in weniger als einer Minute über Dein Online-Banking verkauft.

* * *

Wie schaut es aus mit einem Eigenheim? Dies ist vielleicht der schwierigste Part in diesem Buch, denn an diesem Thema scheiden sich die Geister. Viele Menschen ringen sich im Laufe des Lebens zum Kauf eines Eigenheims durch und betrachten dies als ihr „bestes Investment" und ihre

„Altersvorsorge". Viele Finanzexperten hingegen raten vehement vom Kauf eines Eigenheims ab. Was ist da jetzt richtig? Was ist falsch? Gibt es überhaupt eine Antwort auf diese Frage?

Nun zunächst muss ich dazu sagen, dass ein Eigenheim in der Regel kein Investment ist, auch wenn wahrscheinlich 99,99% der Eigenheimbesitzer mir hier widersprechen. Denke an die Definition: Du investierst Geld in der Erwartung eines Profits. Fast 90% der Eigenheime eignen sich daher von vornherein nicht als Investition. Ich würde es jetzt aber nicht so krass sehen und gleich sagen, dass jeder Eigenheimbesitzer dumm ist und von Geld keine Ahnung hat. Auch solche Meinungen hört man oft von Investoren. Es kommt aber beim Eigenheim – wie meistens im Leben – auf die Umstände des Einzelfalls an.

Zunächst einmal – und das ist ein sehr persönlicher Aspekt – gibt Dir ein Eigenheim natürlich viel mehr Freiheit als eine Mietwohnung, was die Gestaltung Deines Heims angeht. Dir gefällt der Boden nicht? Du musst niemanden fragen, Du kannst ihn einfach rausreißen. Du willst Dir ein neues Bad gönnen? Du kannst es einfach tun. Ihr bekommt ein Kind und du willst eine Wand einziehen, um einen neuen Raum zu schaffen? Here you go! Niemand kann es Dir verbieten, solange es baurechtlich zulässig ist. Diese Art der Freiheit ist meiner Meinung nach fast das wichtigste an einem Eigenheim, doch rechtfertigt dies nicht in jeder Situation einen Kauf.

Ich versuche Dir nachfolgend bei der Orientierung ein bisschen behilflich zu sein. Dies ist vor allem deswegen hilfreich, weil die Debatte darüber sehr emotional geführt wird. Ich versuche das Thema auf eine rationalere Ebene zu bringen.

Was ein Eigenheim von einer vermieteten Wohnung unterscheidet ist, dass hierdurch keine Einnahmen generiert werden. Jetzt wird gleich der erste Einwand kommen, dass man sich die Miete erspart. Das stimmt natürlich, jedoch muss man auch berücksichtigen, was Eigentümer für Ausgaben zu tragen haben. Sämtliche Dinge in der Wohnung, die kaputt gehen, zahlst Du selbst aus eigener Tasche. Und im Gegensatz zu einer Wohnung, die Du vermietest, kannst Du diese Kosten in Deutschland oder Österreich nicht steuerlich geltend machen. In die Rechnung musst Du also, von der ersparten Miete die Zinsen und die Instandhaltungskosten abziehen. Lohnt es sich dann noch?

Das ist oft schwer zu sagen. Wenn es schon ein Eigenheim sein muss, dann nur in einer wertstabilen Lage, die idealerweise noch Preissteigerungen nach oben ermöglicht. Nichts ist schlimmer als ein Eigenheim in einer weniger gefragten Gegend. Du darfst nicht vergessen, dass Dein Eigentum dort eher an Wert verliert. Musst oder willst Du dann in einigen Jahren verkaufen, dann kann es durchaus sein, dass Du einen großen Verlust machst.

Besteht zumindest eine sehr hohe Wahrscheinlichkeit, dass Dein Eigenheim an Wert steigt und hast Du die Instandhaltungskosten einigermaßen im Griff und zudem nicht zu hohe Zinskosten, dann kann ein Eigenheim in Ordnung sein. Eine Mega-Investition wird es dadurch leider nicht, aber immerhin wird es dann nicht zu einem Verlustgeschäft für Dich.

Ein weiterer Nachteil, den Du jedoch unbedingt bedenken solltest und in Deine Abwägung mit einbeziehen solltest ist, dass ein Eigenheim viel Kapital bindet. Du wirst schnell 400.000 EUR oder mehr für ein Eigenheim ausgeben. Du hast auch schnell Kreditraten über 1.000 EUR im Monat. Auch wenn heutzutage der größte Teil der Rate die Tilgung ist und nicht der Zinsanteil, gibt es einen entscheidenden Nachteil: Dieses Geld steht Dir nicht für Investitionen zur Verfügung. Das solltest Du bedenken. Willst Du ein Eigenheim haben und investieren, brauchst Du in der Zeit, wo Du Dein Eigenheim abzahlst, jedenfalls einen sehr guten Job oder musst enorm gut investiert sein.

Ich fasse zusammen: Ein Eigenheim ist kein Investment im engeren Sinne, aber es kann aus finanzieller Sicht in Ordnung sein, wenn zahlreiche Kriterien erfüllt sind. Neben der Kreditrate sollten noch andere Investments möglich sein, das Eigenheim sollte in einer wertstabilen Lage sein und die Instandhaltungskosten sollten sich im Rahmen halten.

Last but not least solltest Du Dir überlegen, was passiert, wenn sich Lebenspläne ändern. Gerade die Generation Y ist extrem mobil. Viele sind offen dafür, auch mal in einem anderen Land zu leben oder auch dauerhaft auszuwandern. Kannst Du Dein Eigenheim einfach verkaufen oder vielleicht auch vermieten? Du hast schließlich viel Geld in die Nebenkosten zum Erwerb investiert.

Ich habe selbst ein Eigenheim, dass sich aber super vermieten lässt. Ich habe das auch getestet und bei einem Immobilienportal eine Anzeige erstellt. Binnen kürzester Zeit hatte ich zahlreiche Anfragen. Die von mir angesetzte Nettomiete liegt noch deutlich über der Kreditrate. Sollte ich also in ein paar Jahren Lust darauf haben, woanders hinzuziehen, dann kann ich diese Wohnung für die Zeit ohne Probleme vermieten und meine Kosten decken und danach wieder dort einziehen. Somit habe ich mir meine Flexibilität so gut es geht erhalten. Alle anderen oben erwähnten Kriterien sind auch erfüllt. Bereits wenige Jahre nach dem Erwerb hat sich der Preis stark erhöht und es haben sich bereits Interessenten gemeldet, die mir das Eigenheim „off market" abkaufen wollten, ohne dass ich dieses irgendwo inseriert hatte. Würde ich jetzt verkaufen, würde ich einen großen Gewinn machen. Der Zuzug in meine Gemeinde, die in Wiens Umgebung liegt, ist sehr stark und die Bauflächen sind begrenzt, weil ein großer Teil des Gemeindegebiets auch aus Wald und Naturpark besteht. Dies sollte weitere Wertsteigerungen in den nächsten Jahren ermöglichen.

Dies ist übrigens schon meine zweite Wohnung, die ich gekauft und selbst bewohnt habe. Die erste Wohnung war eine kleine Stadtwohnung in Wien, die ich für 128.000 EUR kaufte und für knapp unter 200.000 EUR wieder verkaufte. Weil dies mein Hauptwohnsitz war, konnte ich so einen großen Gewinn machen, den ich nicht versteuern musste. So gesehen habe ich mit meinem Eigenheim in vier Jahren einen großen Gewinn gemacht. Auch solche Dinge sind also möglich.

Bereits im letzten Kapitel habe ich euch etwas zum Hebeleffekt von Immobilien erzählt. Immobilien geben euch die Möglichkeit mit mehr Kapital in eine Investment reinzugehen, als ihr zur Verfügung habt. Kommen wir auf unser Beispiel aus dem letzten Kapitel zurück, um dies zu verdeutlichen. Wir vergleichen dabei die Immobilien wieder mit Wertpapieren.

Wir gehen also wieder davon aus, dass Du 20.000 EUR zur Verfügung hast. Du kannst natürlich für diesen Betrag Aktien oder andere Wertpapiere kaufen. Die Wahrscheinlichkeit ist recht hoch, dass Du mit einer guten Anlagestrategie in einigen Jahren deutlich mehr als 20.000 EUR hast. Nehmen wir einmal an Du hast 10 Jahre investiert und jedes Jahr einen Kurssteigerung von 5% gemacht (Dividenden lassen wir jetzt der Einfachheit halber einmal außer Betracht). Am Ende des Zeitraums hast Du 32.577, 89 EUR. Diese Betrag kann sich durchaus sehen lassen.

Aber was passiert, wenn wir dieses Beispiel auf Immobilien umlegen? Du kannst nämlich für 20.000 EUR auch eine Wohnung für 100.000 EUR kaufen. Gehen wir der Einfachheit halber davon aus, dass für den Wohnungskauf ca. 10% Nebenkosten (für Grundbuch, Steuern, Notar, Makler, usw.) anfallen. Das heißt Du brauchst schon einmal die Hälfte des Kapitals, um überhaupt das Eigentum zu erwerben. Von den restlichen 10.000 EUR zahlst Du die Wohnung an und nimmst einen Kredit in Höhe von 90.000 EUR auf.

An Tag 1 Deines Investments schaut die Bilanz relativ bescheiden aus, wenn man beide Investments vergleicht.

Du hast 20.000 EUR in Aktien und eine Wohnung für 100.000 EUR, die aber mit 90.000 EUR Schulden belastet ist. Im Prinzip hast Du also 10.000 EUR. Das ist also ein holpriger Start für unser Immobilieninvestment.

Nehmen wir an, Du kannst die Wohnung um 5.500 EUR pro Jahr vermuten, was einer Rendite von 5% entspricht. Die Rendite bei Wohnimmobilien wird in der Form berechnet, dass man den die Jahresmiete durch den Kaufpreis teilt. So erklärt es zumindest der Makler, der die Rendite schön reden will. Ich nehme immer noch die Nebenkosten dazu. In unserem Beispiel kalkulieren wir der Einfachheit halber mit 10%.

Schauen wir uns das Ergebnis nach 10 Jahren an. Du also nach 10 Jahren immer noch Deine Wohnung. Deine Einnahmen pro Jahr betragen 5.500 EUR und somit insgesamt 55.000 EUR. Allerdings kannst Du nicht das gesamte Geld für Dich behalten, Du hast ja auch den Kredit an die Bank zurückgezahlt.

Heutzutage kannst Du, wenn Du mit Deinen Finanzen gut da stehst, Zinskonditionen bekommen, von denen Genrationen vor uns nur träumen konnten. In diesem Beispiel rechne ich mit 1,5% Zinsen (es geht oft auch noch viel weniger) und eine Laufzeit von 20 Jahren und damit eine Kreditrate von 435 EUR, was Du ziemlich genau mit Deiner Monatsmiete von 458,33 EUR decken kannst. Der Löwenanteil der Kreditrate wird hier aber bereits am Anfang aus Tilgung bestehen und nicht aus Zinsen. Auch davon konnten die Generationen vor uns nur träumen. Wir gehen vorliegend von einem sogenannten

Annuitätendarlehen aus, das heißt die Laufzeit ist fixiert und der Kredit muss in dieser Zeit getilgt werden.

Du wirst in den 10 Jahren ca. 10.500 EUR Zinsen zahlen. Die kannst Du in Deiner Rechnung zum Abzug bringen. Du hast also nach 10 Jahren 435 EUR im Monat für den Kredit gezahlt, insgesamt 52.200 von denen 10.500 EUR direkt an die Bank gehen. Du hast somit 41.700 EUR weniger Schulden, also noch 48.300 EUR Schulden. Du hast aber noch immer Deine Wohnung in Höhe von 100.000 und damit quasi 51.700 EUR. Das schlägt Dein Depot natürlich bei weitem. Zusätzlich hast Du aus Deinem kleinen Überschuss (Du hast ja nicht 435 EUR Mieteinnahmen, sondern 458,33 EUR), am Ende der Zeit noch einen Betrag von fast 2.800 EUR über.

Das ist auch ein Thema, auf das Du immer achten solltest. Deine Immobilien sollten positiven Cashflow haben. Die Kreditrate sollte sich durch die Einnahmen auch decken lassen. Du willst schließlich ein Investment und kein Sparbuch, in das Du einen Teil Deiner Ersparnisse reinsteckst. Wenn Du Geld sparst, dann aus dem Grund, dass Du das nächste Investment anpeilst.

Das gute an Immobilien ist, dass Du mehr Geld ausgeben kannst als Du hast, ohne große Risiken einzugehen, wenn Du ein paar Dinge beachtest. Auch für die Bank ist die ganze Sache nicht allzu riskant, wenn Objekt und Belegung passen. Kaufst Du natürlich überteuert in einem überhitzten Markt oder in einer Gegend, wo sich nur extrem geringe Renditen erzielen lassen, schaut dies schon wieder anders aus. Wenn Du aber weist, was Du tust, dann hat dies den Vorteil, dass Dein Portfolio auch schnell wachsen kann.

Bei mir bilden Immobilien den Schwerpunkt, aber ich würde Dir davon abraten jetzt alles auf eine Karte zu setzen, nur weil Dir die Rechnung oben gefällt. Immobilien sind viel Arbeit.

Jeder kennt den Spruch, dass es genau drei Kriterien gibt, die für eine Immobilie wichtig sind: die Lage, die Lage und die Lage. Es steckt viel Wahrheit in diesem Spruch, aber leider ist es auch ein ziemlich abgedroschener Spruch, den Makler gerne bringen, wenn ihnen – wieder mal – nichts einfällt.

Tatsächlich gibt es zumindest zwei Arten von Lagen bei Immobilien, die interessant sind. Das eine ist die Makrolage, das andere ist die Mikrolage. Beginnen wir mit der Makrolage.

Bei der Makrolage schaue ich mir die Stadt oder eine bestimmte Region an. Zumeist unterscheidet man hier A-, B, C- und manchmal auch D-Städte. A-Städte sind entsprechende Toplagen. Städte wie München, Frankfurt oder Hamburg wird man zB in Deutschland als A-Lagen bezeichnen. Diese Städte haben alle internationale Bedeutung und ziehen Personen aus der ganzen Welt an. Nur echte Metropolen und deren Umland sind A-Lagen. In Österreich wird man nur Wien als echte A-Lage bezeichnen können. B-Lagen sind Städte von nationaler Bedeutung. In Beispiel in Deutschland dafür sind zum Beispiel Hannover oder Nürnberg oder in Österreich Graz. C- Städte haben dann nur noch regionale Bedeutung. Sie sind für ihre

Umgebung gewisse Zentren, haben aber auf nationaler Ebene nur eingeschränkte Bedeutung. Beispiele in Deutschland wären etwa Aachen oder Heidelberg. In Österreich könnte man Linz oder Salzburg als solche Städte bezeichnen (wobei einige diese eher als B-Lage sehen würden). D-Städte haben einen eher regionalen Fokus.

In A-Lagen muss man sich eher wenig Sorgen machen, dass man keinen Mieter findet und viel Leerstand hat. Auch ist der Bestand dieser Regionen selbst bei fortschreitendem demographischen Wandel gesichert. Nachteil ist, dass die Kaufpreise hier oft schon sehr hoch sind. Daher können sich in Einzelfällen C- oder B-Städte eher lohnen. Oft sind die Gewinnspannen hier höher. Man sollte sich in jedem Fall den Wohnungsmarkt am aktuellen Wohnort anschauen, aber natürlich ist es kein Muss dort zu investieren. Es ist zwar um einiges leichter, dort zu investieren, wo man lebt. Man kennt sich einerseits aus und kann andererseits schnell vor Ort sein.

Ich bin beispielsweise in Wien investiert. Es ist aber gerade in der heutigen Zeit immer schwerer dort gute Objekte zu finden. Aufgrund der österreichischen Gesetzgebung sind in den zahlreichen Wiener Altbauten die Mieten so stark beschränkt, dass es schon schwer wird diese überhaupt profitabel zu vermieten. Dabei wäre ich als Vermieter gerne bereit, mehr in diese wunderschönen Bauten aus der Jahrhundertwende zu investieren. Doch die Möglichkeiten solche Investitionen auf den Mieter umzulegen sind quasi nicht gegeben. In hässlichen Neubauten aus den 1960ern kann im Regelfall mehr Miete verlangt werden, weil dies die Gesetze zulassen. Das wird auf die Dauer dazu führen, dass immer mehr schöne Altbauten abgerissen werden und die Stadt ihren Charakter verliert. Das ist weder wünschenswert noch umweltfreundlich oder nachhaltig, denn ein großer Teil der CO_2-Emissionen entfällt auf die Bauwirtschaft, aber hier ist gegen die Politik kein Kraut gewachsen. Einen Weg zur finanziellen Freiheit bietet der Wiener Wohnungsmarkt für Einsteiger-Investoren also eher nicht (mehr). Wenn Du in so einen Markt rein willst, dann musst Du lange suchen.

Aus diesem Grund habe ich zum Beispiel auch beschlossen in Zukunft woanders zu investieren. Da hilft es mir auch nicht weiter, dass Wien als absolute A-Lage bezeichnet werden kann. Ihr müsst euch also unbedingt die Bedingungen vor Ort anschauen. Welche Mieten erzielbar sind und auch gesetzlich verlangt werden dürfen.

Neben der Makrolage ist dann auch die Mikrolage entscheidend. Auch A-Städte haben schlechte Lagen. Es kann viel lukrativer sein, in Bestlage einer B-Stadt oder im Studentenviertel einer C-Stadt eine Wohnung zu vermieten als im schlechtesten Viertel einer A-Stadt. Schlechte Viertel heißen nämlich auch oft schwierige Mieter oder zumindest problematische Nachbarn. Man sollte diese Komponente nicht unterschätzen.

Bevor man eine Wohnung besichtigt oder auch danach sollte man einen ausgiebigen Spaziergang durch die nähere Umgebung machen. Ist der Park gegenüber ein Ort der Naherholung, wo gerne Kinder spielen, oder ein Treffpunkt für Drogensüchtige und Dealer? Ist das Einkaufszentrum am Ende der Straße ein Ort, wo man Samstag gerne shoppen gehen würde, oder wäre es höchstens ein geeigneter Ort um ein Deutsch-Rap-Video zu drehen? Gibt es in der Umgebung überhaupt Einkaufsmöglichkeiten? Fährt der letzte Bus Samstag um 20:30 Uhr? Die Besichtigung der Umgebung ist genau so wichtig, wie die Besichtigung der Wohnung selbst. Wer bei einem von beiden nicht genau hinschaut, kann eine böse Überraschung erleben.

Ich schaue meistens, dass ich vor der Besichtigung der Wohnung eine Besichtigung der Umgebung mache und nehme mir dafür – abhängig vom Ort – auch gerne mal 1 bis 2 Stunden Zeit. Das hängt natürlich davon ab, ob ich in dieser Gegend schon einmal war. Wenn die Immobilie in der unmittelbaren Umgebung Deines eigenen Zuhauses ist, wirst Du vielleicht nur 20 Minuten brauchen. Kennst Du die Gegend noch nicht brauchst Du entsprechend länger. Bereite Dich auch auf diese Besichtigung der Umgebung gut vor und schaue Dir vorher alles bei Google Maps an.

Du hast idealerweise einen Spaziergang durch die Umgebung hinter Dir und möchtest Dir nun die Wohnung anschauen. Du hast mit dem Eigentümer oder Makler einen Termin ausgemacht und Dir vorher die Fotos im Internet angeschaut. Das heißt Du bist gut vorbereitet?

Nein, das heißt leider, dass Du Deine Hausaufgaben nicht gemacht hast. Vor allem Makler setzen auf Emotionen und haben vor allem Eigennutzungskäufer im Sinn. Vor jeder Besichtigung fordere ich immer ein umfangreiches Paket an Unterlagen an. Leider mache ich damit immer wieder schlechte Erfahrungen, weil sich gerade Makler oft weigern, diese Unterlagen zu beschaffen. Ich habe leider nicht das Beste Bild von diesem Beruf, weil es dort zu viele schwarze Schafe gibt. Ich brauche niemanden der mir die Tür für 3% des Kaufpreises aufsperrt und mir zum Baujahr des Hauses „Das ist einige Jahre her!" sagt. Alles schon erlebt! Allein über witzige Begegnungen mit Maklern könnte ich ein weiteres Buch schreiben.

Ich stelle euch hier eine Checkliste zur Verfügung, was ihr anfordern solltet. Diese Liste ist sicher nicht abschließend, aber enthält die wichtigsten Dinge, damit ihr schon mal keine Essentials vergesst:

Checkliste Wohnungsbesichtigung
- Grundriss mit Quadratmeterangaben für jedes Zimmer
- Energieausweis (gesetzlich beim Verkauf vorgeschrieben)
- Grundbuchsauszug zur Liegenschaft
- Angaben zu Betriebskosten (am besten letzte Jahresabrechnung)
- Protokolle der Eigentümerversammlung (wenigstens die letzten zwei)
- Angaben zu Rücklagen / Reparaturfonds
- Angaben zu Baujahr der Immobilie
- Angaben zu bevorstehenden Sanierungen / Reparaturen, sofern diese nicht aus den Protokollen der Eigentümerversammlung ersichtlich sind
- Mietvertrag (falls die Wohnung vermietet ist)

Wenn Du diese Unterlagen anforderst wird mancher Makler ganz schön ins Schwitzen kommen. Die Unterlagen sind aber wichtig und werden nicht nur angefordert, um den Makler zu challengen, sondern aus jedem der Dokumente, können sich wertbildende Faktoren ergeben. Es natürlich kann auch sein, dass Dir ein Dokument gar keine wertbildenden Infos liefert.

Ich gebe Dir hier ein paar Hintergrundinfos zu den einzelnen Punkten der Checkliste, damit Du weißt, was Dich da erwarten kann:

- Grundriss mit Quadratmeterangaben für jedes Zimmer
  Der Grundriss entscheidet wesentlich über die Art der Nutzung der Wohnung. Eine Wohnung mit 4 Zimmern kann perfekt für eine Studenten-WG sein oder aber auch völlig ungeeignet, weil es alles Durchgangszimmer sind. Gerade nachträglich zusammengelegte oder getrennte Altbauwohnungen haben oft sehr eigenwillige Raumaufteilungen. Dies sollte als wertbildender Faktor auf jeden Fall mit einfließen.
- Energieausweis
  Ein Energieausweis ist mittlerweile beim Verkauf vorgeschrieben und das hat auch einen guten Grund. Man sieht einer Immobilie nicht an, ob sie gut isoliert ist oder nicht. Kleine Details können oft große Unterschiede machen. Die Klassifizierung ist ähnlich wie bei Elektrogeräten mit Buchstaben. Zwar kann es Dir als Vermieter ja eigentlich egal sein, wieviel der Mieter verheizt, aber der Ausweis ist auch Pflicht, wenn

ihr die Wohnung vermietet. Viele potenzielle Mieter springen bei zu schlechten Energieeffizienzwerten ab. Das heißt nicht, dass man eine Immobilie mit Klasse D nicht kaufen sollte, aber auch das ist ein wertbildender Faktor.

- Grundbuchsauszug zur Liegenschaft
Aus einem Grundbuchsauszug lassen sich oft interessante Sachen herauslesen, die zum Problem werden können. Komplizierte Wege- oder Leitungsrechte zum Beispiel. Wichtige Beschränkungen des Eigentums sind hier eingetragen.

- Angaben zu Betriebskosten
Du musst wissen wie hoch die Betriebskosten sind, was Du davon weiterverrechnen kannst und was Du selbst decken musst. Dies fließt in Deine Kalkulation mit ein.

- Protokolle der Eigentümerversammlung
Bei der Eigentümerversammlung werden alle Dinge rund um die Immobilie besprochen. Dies gilt natürlich nur, wenn Du ein Haus mit mehren Eigentümern kaufst. Die Protokolle geben Aufschluss über bevorstehende oder abgeschlossene Sanierungen oder auch Probleme die es im Haus gibt (Stichwort: Lärmquellen, schwierige Mieter).

- Angaben zu Rücklagen / Reparaturfonds
Muss im Haus etwas saniert oder repariert werden, wird zunächst auf die Rücklagen der Gemeinschaft zurückgegriffen. Reichen diese nicht aus, müssen die Eigentümer Geld nachschießen oder gemeinsam ein

Darlehen aufnehmen. Je größer die Rücklagen, desto geringer ist die Wahrscheinlichkeit.

- Angaben zu Baujahr der Immobilie
Auch wenn es primär auf den Erhaltungszustand der Immobilie ankommt, ist bei älteren Immobilien mit mehr Reparaturen zu rechnen als bei neuen. Außerdem ist das Baujahr relevant für steuerliche Themen, wie die Höhe der Abschreibung und in Österreich auch für die Frage, ob die Immobilie den Beschränkungen des Mietrechtsgesetzes unterliegen könnte.

- Angaben zu bevorstehenden Sanierungen / Reparaturen
Manchmal sind seit der letzten Eigentümerversammlung Reparaturen fällig geworden, über die die Hausverwaltung schon Bescheid weiß, die aber noch nicht besprochen wurden. Eventuell haben die Eigentümer auch schriftlich eine bestimmte Sanierung beschlossen.

- Mietvertrag
Ist die Wohnung vermietet, läuft dieser Mietvertrag nach dem Kauf weiter und Du trittst dort als Vertragspartner ein. Der Mietvertrag kann nachteilige oder auch rechtlich unwirksame Klauseln enthalten. Oder er kann – hier wieder Input für die Österreicher – unbefristet abgeschlossen sein, was bei einer Altbauwohnung bedeutet, dass der Mieter bzw. dessen Nachkommen noch in Generationen in der Wohnung sein werden, sofern er nicht freiwillig auszieht. Daher würde ich Dir empfehlen, von solchen Immobilien auch die Finger zu lassen.

Verweigert Dir der Makler oder Eigentümer die notwendigen Unterlagen, ist das meist ein Hinweis, dass etwas nicht passt. In diesem Fall solltest Du den Deal eher nicht machen. Es lohnt sich auch in diesem Fall meistens nicht, eine Besichtigung anzusetzen. Warum sollte man etwas besichtigen, dass man wegen fehlender Unterlagen nicht kauft? Das ist absolut logisch, aber nur die Hälfte der Makler, die ich getroffen habe, versteht es. Die meisten wollten mich trotzdem zur Besichtigung überreden. Das ist aber für beide Seiten eigentlich reine Zeitverschwendung.

* * *

Ihr habt die entscheidende Hürde genommen und (fast) alle Unterlagen beisammen. Ihr habt euch die Umgebung angeschaut und seid jetzt bereit für die Besichtigung. Sehr gut! Damit habt ihr es bereits weit gebracht.

Nun sollte euer Augenmerk ganz dem Objekt, also der Wohnung oder dem Haus gewidmet sein. Ich will hier kein Buch über Makler-Bashing schreiben, aber nicht selten wurde versucht die Aufmerksamkeit auf die schöne Aussicht zu lenken und mich geschickt an den feuchten Stellen im Flur vorbeizuführen.

Wichtig ist, dass ihr euch nicht ablenken lasst. Weist den Makler ruhig ein wenig in die Schranken, wenn es sein muss. Ihr kauft ja keine Blumentöpfe für 99 ct das Stück sondern erwerbt ein teures Asset. Ich bin seit ich einmal einen fetten Wasserschaden kurz nach der Übergabe einer Wohnung hatte, ein bisschen paranoid und habe mir um

20 EUR im Internet ein Feuchtigkeitsmessgerät gekauft. Der absolute Maklerhorror, dessen Einsatz mir schon große Freude bereitet hat und auch Geld gespart hat. Feuchte Stellen treten nämlich nicht nur als große, nasse Flecken auf. Es gibt auch erhöhte Feuchtigkeit, die sich fast unsichtbar im Gemäuer befinden kann. Mit so einem Helferlein könnt ihr nicht nur den Makler erschrecken, sondern auch solche Stellen aufspüren.

Nutzt aber jedenfalls auch all eure Sinne. Moderiger Geruch ist eine Warnung, die man nicht übergehen sollte. Risse in der Wand können harmlos sein oder auch ein großes Thema. Jedenfalls sollt ihr Fotos davon machen und solche Mängel auch festhalten. Seit euch auch nicht zu schade mal unter das Spülbecken zu klettern und zu schauen, ob es irgendwo Schimmel oder ähnliches gibt. Wenn ihr euch nicht sicher seid, was ihr da gefunden habt, macht Fotos und besprecht das mit einem Experten.

Verbringt etwas Zeit in der Wohnung, öffnet Fenster und achtet auf Lärmquellen. Öffnet mal einen Wasserhahn und schaut, ob das Wasser mit normalem Druck aus der Leitung kommt. Wenn ihr Interesse habt, aber euch nicht sicher seid, bittet um eine zweite Besichtigung.

Wenn ihr mit Immobilienbesitzern sprecht, dann haben viele eine Immobilie in unmittelbarer Umgebung ihres Wohnortes. Die Vorteile muss ich gar nicht groß aufzählen. Wenn ein Mieter etwas braucht, bekomme ich in der Regel schnell eine WhatsApp-Message geschickt, komme nach der Arbeit oder am Wochenende kurz vorbei, wir besprechen das und ich rufe dann oft einen Handwerker, weil ich weder Zeit noch Lust noch leider oft auch die Fähigkeit habe, das Problem zu beheben. Mittlerweile bin ich aber auch schon dazu übergegangen, gleich den Handwerker zur schicken, der dann einen Kostenvoranschlag macht. Meine Expertise bei defekten Heizkörpern, lockeren Fliesen und ähnlichen Problemen ist eher zu vernachlässigen.

Vor-Ort-sein hat zahlreiche Vorteile, aber wie das letzte Beispiel zeigt, ist man dann doch nicht so oft beim Objekt. Ich arbeite ziemlich viel und habe nicht so viel Freizeit. Die verbringe ich lieber mit Freunden und meiner Partnerin als mit dem Besuch meiner Mieter. Die sind auch nicht so happy, wenn ich Termine Samstag um 12 oder Donnerstag um 21 Uhr vorschlage. Da möchte man sich vielleicht auch nicht unbedingt mit dem Vermieter treffen. Ich habe mich gefragt, wie oft ich in den letzten zwei Jahren wirklich bei den Objekten war. Im Regelfall maximal ein Mal pro Objekt. Dieser Besuch wäre dann auch oft noch entbehrlich gewesen. Daher spricht eigentlich auch nichts dagegen, außerhalb der eigenen Umgebung zu kaufen, wenn Du vor Ort einen vertrauenswürdigen Partner hast.

Vermietung muss natürlich nicht Deine Methode sein, um mit Immobilien Geld zu verdienen. Wer handwerklich geschickt ist, kann sich auch auf eher problematische Objekte spezialisieren, die viele Mängel haben.

Sogar in A-Lagen findet man manchmal Wohnungen, die in keinem guten Zustand sind. Auch wenn sie immer seltener werden gibt es zum Beispiel in Wien durchaus noch Wohnungen im Toilette am Gang und Dusche in der

Küche. Oder Du findest ein altes Mehrfamilienhaus, das komplett entkernt gehört. Solche Objekte sind oft zu attraktiven Preisen zu haben.

Du kannst solche Immobilien kaufen, sanieren und vermieten oder eben direkt weiterverkaufen. So kannst Du unter Umständen in kurzer Zeit viel Geld machen. Eine Wohnung im Rohbauzustand kostet teilweise nur die Hälfte einer vergleichbaren Wohnung mit gehobener Ausstattung. Schaffst Du es mit viel Eigenleistung die Wohnung in einen guten Zustand zu bringen, kannst Du Dir mit solchen Fix and Flip-Geschäften über einen relativ kurzen Zeitraum ein kleines Vermögen aufbauen.

Im letzten Kapitel des Buches stelle ich Links von Webseiten und Youtube-Channels zur Verfügung, die mir geholfen haben und die mich inspiriert haben, das Thema anzugehen. Ich liebe es auch mich über dieses Thema auszutauschen und stelle natürlich allen Lesern dieses Buches meine Mailadresse zur Verfügung.

Ich bin sehr offen für Anregungen von Dir und freue mich schon auf den Austausch mit möglichst vielen Leserinnen und Lesern. Sicher wird die ein oder andere Anregung in die nächste Auflage mit einfließen und vielleicht auch zu dem ein oder anderen weiteren Buchprojekt inspirieren.

»An der Börse machen Leute mit Erfahrung eine Menge Geld und Leute mit einer Menge Geld machen Erfahrungen.«

Philip Fisher

6

WERTPAPIERE – DIE BASICS, DIE DU BRAUCHST!

Aktien und andere Wertpapiere sind in Deutschland oder Österreich noch eine Art der Geldanlage, die im Gegensatz zu anderen Ländern nicht wirklich populär ist. Fragt einmal in eurem Umfeld, wer Aktien besitzt. Es werden nicht allzu viele Personen sein, außer ihr seid schon in einer Investorenbubble. Ca. 6 bis 7 % der Bevölkerung sind in Aktien investiert. Zum Vergleich: In den USA oder im Vereinigten Königreich beträgt die Aktionärsquote an der Gesamtbevölkerung über 25%. Das ist schon ein deutlicher Unterschied.

Bevor wir zu den Einzelheiten kommen, möchte ich Dir kurz die wesentlichen Begriffe erklären. Bei einem Wertpapier handelt es sich um eine Urkunde, die einen bestimmten Wert verkörpert. Das bekannteste Wertpapier ist wohl die Aktie. Zu den Wertpapieren gehören aber auch zum Beispiel Fondsanteile. Wertpapiere werden in der Regel an der Börse gehandelt. Aktien zum Beispiel zeigen, dass der Inhaber (Mit-)Eigentümer des Unternehmens ist.

Eine Aktie ist ein Wertpapier, dass den Anteil zu einem Unternehmen verbrieft. Eine Aktie von einem börsennotierten Unternehmen bietet die relativ unbürokratische Möglichkeit, sich an einem Unternehmen zu beteiligen. Mit dem Kauf der Aktie gehört Dir ein Teil des Unternehmens. Viele Unternehmen beteiligen auch ihre Mitarbeiter direkt oder über Mitarbeiterstiftungen am Unternehmen. Das stärkt natürlich die Bindung und Identifikation mit dem Unternehmen und bietet oft auch steuerliche Vorteile für beide Seiten.

Ich finde es spannend, auf einmal Teilhaber eines großen und bekannten Unternehmens zu sein und an dessen Wertentwicklung teilhaben zu können. Was ist das Problem vieler Menschen, gerade in unserer Generation? Sie schauen sich das Spiel von der Seitenlinie an und wundern sich, warum die Leute auf dem Spielfeld Tore schießen.

Ich kann Konzerne wie Google, Facebook, Amazon, Daimler, Tesla oder BMW für ihre Produkte und ihren Erfolg bewundern und die Produkte kaufen oder nutzen, oder ich kann mich vertieft damit beschäftigen und Miteigentümer von einem dieser Unternehmen werden. Damit verlässt Du die Seitenlinie und begibst Dich aufs Spielfeld. Du hast zwar das Risiko dabei Geld zu verlieren, aber Du kannst auch gewinnen. Du darfst nicht vergessen, was das größte Risiko ist: Das größte Risiko ist immer, gar kein Risiko einzugehen.

Sind Aktien überhaupt als Altersvorsorge geeignet? Aktien werden oft verteufelt, Investieren an der Börse wird von vielen als reine Spekulation abgetan. Dabei sollte man ruhig man über den Tellerrand schauen. Wer in Deutschland Aktien als Geldanlage fürs Alter propagiert bekommt außer bei einem Stammtisch mit lauter Wirtschaftsliberalen von allen Seiten Gegenwind, als wolle man der Oma das Geld entreißen und es bösen Kapitalisten in den Rachen werfen, die damit immer höhere Profite erzielen, von denen die Oma dann nichts sieht. Rede ich in meinem Umfeld von Aktien, dann treffe ich zwar oft auch auf Neugier, nicht selten jedoch auf pure Ablehnung.

Dabei sollte man sich ruhig mal umschauen, wie es die großen Player am Markt machen. Damit meine ich jetzt nicht nur irgendwelche (teilweise zu Unrecht) verschrienen Fondsgesellschaften, sondern auch großen Staaten. Viele Leute auch aus meinem Umfeld preisen den Sozialstaat in Skandinavien und finden dieses Modell dort sehr sympathisch, auch wenn dies zumeist hohe Steuern bedeutet. Diese Leute wissen nicht, dass zum Beispiel der norwegische staatliche Pensionsfonds über 60% seines Vermögens in Aktien investiert und damit die Altersvorsorge der Norweger absichert. Man stelle sich vor, ein Politiker in Deutschland oder Österreich würde ähnliches fordern.

Aktien sind also grundsätzlich zur Altersvorsorge geeignet, wenn man ein paar Dinge beachtet. Allerdings bedeuten Aktien auch, dass man den Markt oft sehr stark im Blick haben muss. Am Kapitalmarkt kann bereits ein halbes Jahr eine Ewigkeit sein und eine einmal für gut befundene Aktie muss ständig analysiert werden. Es kann sich zwischendurch durchaus lohnen einmal umzuschichten. Man muss auch aufpassen, dass das Depot nicht zu einseitige ist und zum Beispiel nicht nur Tech-Werte enthält.

Wem das auf die Dauer zu komplex ist, der hat mit Fonds und ETFs eine gute Möglichkeit an den Entwicklungen der Kapitalmärkte zu partizipieren, ohne jetzt vertiefte Kenntnisse erwerben zu müssen.

Egal ob jetzt zur Altersvorsorge oder mit einem kürzen Anlagehorizont: Die *richtige* Aktie zu finden ist eine Wissenschaft für sich. Allein über dieses Thema könnte man ein ganzes Buch schreiben, das wesentlich länger ist, als dieses. Die Bewertung von Aktien ist letztlich eine sehr komplexe Angelegenheit.

Einen ersten Überblick kannst Du Dir mit Aktienmagazinen und Webseiten verschaffen. Du hast vielleicht sogar schon ein konkretes Unternehmen im Auge. Wichtig ist es zunächst so ziemlich alles über das Unternehmen rauszufinden und sich nicht blind auf irgendwelche Analystenmeinungen zu verlassen. Wer eine Aktien in sein Portfolio aufnehmen will sollte sich auch die Geschäftsberichte anschauen.

Nicht zuletzt kommt die Wahl der „richtigen" Aktie auch auf Deine Strategie an. Sind Dir Dividenden, also Ausschüttungen des Unternehmens in das Du investierst besonders wichtig und planst Du allein davon später einen Teil Deines Lebensunterhalts zu bestreiten, dann wäre zum Beispiel Amazon nicht die richtige Aktie für Dich. Amazon ist ein Konzern der vor allem auf Wachstum ausgerichtet ist. Daher wurde auch noch nie eine Dividende ausgeschüttet. Dafür kann sich die Wertentwicklung sehen lassen.

Kennzahlen, die man sich bei einer Aktie anschauen sollte, sind das sogenannte Kurs-Gewinn-Verhältnis (KGV). Hier wird der Aktienkurs durch den Unternehmensgewinn pro Aktie geteilt. Hier gilt die Regel „je niedriger, je besser". Doch auch diese Aussage ist zu pauschal. Dividenden bleiben etwa auch hier außer Betracht, so dass das KGV bei einer Dividendenstrategie nur eine untergeordnete Rolle spielt. Das KGV kann also nur ein Anhaltspunkt sein. Ein niedriges KGV kann immerhin ein Indiz sein, dass eine Aktie nicht überteuert ist. Es sollte aber nicht allein die Verkaufsentscheidung triggern.

Ein wichtiger Punkt ist auch immer, sich die Entwicklung der Aktie im Vergleich zu anderen ähnlichen Aktien oder dem Index des jeweiligen Landes entwickelt. Wenn Dir Dividendenausschüttungen wichtig sind, dann ist die Dividendenrendite ein entscheidender Faktor. Hierbei sollte man sich nicht nur die aktuelle Dividende sondern auch die Dividenden der vergangenen Jahre anschauen. Die Dividendenrendite berechnest Du, indem Du die Dividende durch den Aktienkurs teilst und mit 100 multiplizierst.

Natürlich ist eine Dividende immer relativ unsicher. Und selbst gute Dividendenserien in der Vergangenheit bedeuten nicht, dass Du mit einer Dividende kalkulieren kannst. Aber seien wir mal ehrlich! Auch bei einem Sparbuch kannst Du nur mit einem kalkulieren und das sind stetig fallende Zinsen. Da nimmt man etwas Unsicherheit doch gern in Kauf.

Je länger Du Dich mit dem Thema beschäftigst, desto besser wirst Du Dich auskennen und desto gezielter wirst Du investieren können. Für den Anfang würde ich Dir jedoch empfehlen das Risiko zu streuen und mit ETFs eine solide Grundlage für dein Portfolio zu schaffen, so dass Du dann nach einiger Zeit auch in Einzelaktien einsteigen kannst. Je mehr Erfahrung Du hast, desto leichter wird es Dir gelingen Chancen am Aktienmarkt zu erkennen. Versuche es zu vermeiden, einfach weil Dir ein Unternehmen sympathisch ist, weil der Name einen guten Klang hat oder aus welchem irrationalen Grund auch immer Aktien zu kaufen. Dann ist es nämlich wirklich nur ein Glücksspiel und dafür ist Dein hart verdientes Geld zu schade.

Viele werden Investmentfonds schon kennen. Manche haben vielleicht sogar ein Depot mit ein bis zwei Fonds, die einem die Hausbank einmal empfohlen hat und die zumeist von einer der Bank nahestehenden Fondsgesellschaft stammen.

ETFs hingegen sind eine neuere Erscheinung, über die man im Zusammenhang mit der Investition in Aktien immer wieder liest. Im Prinzip sind ETFs auch Investmentfonds. Der Unterschied liegt vor allem im Management des Fonds. Die meisten Investmentfonds werden aktiv gemanagt. Das bedeutet, dass die Fondsmanager der Fondsgesellschaft, den Fonds aktiv managen und laufend entscheiden, in welche Wertpapiere oder andere Assets der Fonds investiert.

Warum sollte man dann sein Geld in ETFs stecken, wenn ich doch bei aktiv gemangten Fonds von der

Erfahrung von Fondsmanagern profitieren kann? Man sollte nicht vergessen, dass es auch für Fondsmanager schwer ist, den Markt zu schlagen. Das ist sogar eine alte Börsenweisheit: Auf die Dauer kann man den Markt nicht schlagen. Ein Fonds der in große deutsche Unternehmen investiert, kann phasenweise sicher den DAX schlagen. Aber langfristig ist es sehr schwierig, deutlich besser zu performen. Aus diesem Grund sollte man sich die zusätzlichen Kosten für das aktive Fondsmanagement eher sparen und das Geld lieber in einen ETF investieren.

ETF ist die Abkürzung für exchange-traded-funds. Ein ETF bildet oft einen Index ab, kann aber zum Beispiel auch ein bestimmtes Thema haben. Ein ETF kann etwas auf den DAX, den Dow Jones oder einen anderes Index ausgerichtet sein. Dann partizipierst Du genau an der Entwicklung dieses Index. Der Index wird durch den ETF repliziert. Wenn Du etwa glaubst, dass sich österreichische Aktien, die im ATX vertreten sind, gut entwickeln, kannst Du in einen ATX-ETF investieren. Es sind auch bestimmte Branchen- oder Themen-ETF möglich, wie etwa ETF, die in die X-größten Technologiewerte investieren.

Wer gar nicht weiß, wo er anfangen soll, dem würde ich eine Investition in den MSCI World empfehlen. Hierbei handelt es sich um einen globalen Aktienindex, der in ca. 1600 Aktien aus den größten Industrienationen investiert. Du investierst damit quasi einmal quer in die ganze Weltwirtschaft. Eine bessere Risikostreuung kann es für Anfänger kaum geben. Es gibt verschiedene, breit aufgestellte MSCI-Indizes, etwas auch einen für Schwellenländer („Emerging markets") und mit weiteren

Schwerpunktsetzungen. Es gibt auch ETFs, die zum Beispiel nur in Technologiewerte investieren, die auch im MSCI World-Index enthalten sind. Der Phantasie sind hier keine Grenzen gesetzt.

Weniger ist meiner Meinung nach mehr und während es sich bei Aktien lohnt stark zu diversifizieren, sollte man es bei ETF nicht übertreiben. Je nachdem wieviel Geld Du zum Investieren übrig hast, solltest Du eher klein anfangen. Suche Dir lieber wenige ETF heraus und investiere fixe Summen als immer wieder neue Kleinstbeträge in eine große Zahl von ETF zu stecken.

Was man außerdem bei der Auswahl der ETFs beachten sollte ist, ob diese thesaurierend oder ausschüttend sein sollen. Thesaurierende ETF verwenden alle Gewinne der dahinterliegenden Aktien und reinvestieren das Geld. Ausschüttende ETF schütten regelmäßig diesen Betrag aus. Man hat also das Geld zur freien Verfügung und kann selbst entscheiden, ob man es reinvestiert oder für sich verwendet.

Ich würde das Verhältnis 2:1 ansetzen und erst wenn Du zwei thesaurierende ETF hast einen Ausschütter kaufen. Dies aus dem einfachen Grund, weil ETF meiner Meinung nach vor allem zum langfristigen Vermögensaufbau dienen und als zusätzliche Absicherung.

Wie bei Aktien auch kannst Du mit steigender Zeit und Investitionssumme auch eigene Schwerpunkte setzen und in Länder-ETFs oder Branchen-ETFs reingehen, welche Du nach Deiner Analyse für besonders zukunftsträchtig hältst. Auch wenn Du nicht so stark ins Detail gehen musst wie bei einzelnen Aktienwerten, so darf auch hier die

Recherche nicht unterschätzt werden. Bei ETFs hingegen würde ich Dir empfehlen, unabhängig von der Marktlage Deine Sparpläne einfach laufen zu lassen. Egal, ob gerade der Markt crasht oder steil nach oben schießt, würde ich solche Ereignisse nicht zum Anlass nehmen, meine ETF-Strategie grundlegend zu ändern.

Wie auch bei allen anderen Tipps, stelle ich im letzten Kapitel des Buches Links von Webseiten und Youtube-Channels zur Verfügung, die mir Hintergrundwissen verschafft haben. Ich freue mich außerdem über den persönlichen Austausch und lasse gerne Anregungen von euch in die nächste Auflage oder andere Buchprojekte mit einfließen.

*»Das größte Risiko ist es, kein Risiko ein-
zugehen.«*

Marc Zuckerberg

7

UND SONST? – EDELMETALLE, KRYPTOS UND CO.

Was gehört noch ins Portfolio? Neben den Notgroschen am Tagesgeld, Geld in Immobilien und Geld in Aktien sind im Prinzip keine weiteren Anlageklassen notwendig. Allerdings kann man natürlich noch ein bisschen weiter diversifizieren.

Eine Möglichkeit ein bisschen Schwung ins Depot zu bringen sind Edelmetalle, allen voran natürlich Gold. Der Vorteil an Gold ist, dass es quasi eine der ältesten Wertanlagen der Welt ist. Gold ist seit dem Altertum als werthaltiges Metall anerkannt. Gerade in Krisenzeiten ist Gold gefragt, was man zum Beispiel daran sieht, dass seit Beginn der Coronakrise der Goldpreis in die Höhe geschossen ist. Was ist nun der Vorteil von Gold gegenüber anderen Edelmetallen? Ein Vorteil ist zunächst der steuerliche Aspekt. Gold ist – im Gegensatz zu etwa Silber oder Palladium – von der Umsatzsteuer befreit. Man zahlt also lediglich für den Wert des Metalls. Wer sich diese Kosten sparen will, darf bei anderen Edelmetallen nicht selbst kaufen, sondern muss auf Zollfreilager im Ausland setzen.

Hier kommt aber ein ganz wesentlicher Nachteil zum Tragen. Wofür kauft man Edelmetalle? Wahrscheinlich nicht, um im großen Stil damit zu handeln, sondern um einen kleineren Teil für den Notfall parat zu haben. Daher würde ich auch den meisten Menschen davon abraten, Goldzertifikate oder ähnliches zu kaufen außer man ist davon überzeugt und möchte einfach nur an der Wertentwicklung teilhaben. Wer aber zur Sicherheit ein bisschen Gold seinem Portfolio beimischen möchte, der sollte das Gold physisch daheim oder an einem anderen sicheren Ort lagern und auch entsprechend versichern.

Ein weiterer Vorteil von Gold ist der geringe Platzbedarf. Selbst Gold im Wert von über 50.000 EUR wiegt lediglich ein Kilogramm. Ein solcher Barren passt in jedes Safe und nimmt nicht viel Platz weg. Wer den gleichen Betrag in Silber weglegen möchte, müsste 75 Kilogramm Silber zuhause haben. Dies dürfte dann doch etwas viel für den privaten Bereich sein.

Ich persönlich kaufe Gold nicht in Barren, sondern ab und an, wenn der Preis günstig erscheint, eine Münze. Hierbei setze ich auf Klassiker, zum Beispiel den Philharmoniker der Münze Österreich. Das soll jetzt keine Werbung sein und ihr könnt genauso gut auf den Maple Leaf aus Kanada, den Krügerrand aus Südafrika oder eine andere bekannte Münze setzen. Diese Münzen kennt jede Bank und sie können im Bedarfsfall schnell zu Geld gemacht werden.

Das Gewicht von Goldmünzen bestimmt sich üblicherweise in Unzen (1 Unze = 31,103 g). Es gibt nicht nur Münzen zu einer Unze, sondern auch kleinere Münzen, etwa zu

½ oder ¼ Unze. Der Vorteil ist, dass diese Münzen in jeder Bank und bei jedem Händler relativ problemlos zum aktuellen Marktkurs in Geld umgetauscht werden können.

Der Goldkurs hat in den vergangenen Jahren eher eine Seitwärtsbewegung gemacht. Wer auf Renditen gehofft hat, wurde enttäuscht. Das ist seit Ausbruch der Corona-Krise natürlich anders und Gold wird seinem Ruf als krisensichere Anlage gerecht. Jedoch sollte man nicht unbedingt größere Summen in Gold investieren, sondern Gold eher als Beimischung zu seinen bestehenden Investments sehen. Im Verhältnis zu euren sonstigen Wertanlagen sollte der Anteil von Gold sich eher im einstelligen Bereich bewegen.

* * *

Bei Peer-to-peer-Krediten (P2P-Krediten), auch bekannt als Crowdlending, suchen Personen nach Kreditgebern außerhalb des Bankensektors. Es handelt sich also um Kredite von Privatpersonen. Diese werden zumeist über spezielle Plattformen zusammengebracht. Eine gewisse Beimischung von solchen Krediten kann für Dich unter Umständen auch sinnvoll sein.

Im Gegensatz zu Bankkrediten, welche oft schon zu geringen Zinsen zu haben sind, was Dir natürlich bei der Immobilienfinanzierung zugutekommt. Werden bei P2P-Krediten oft attraktive Zinsen gezahlt. Natürlich ist hier aber auch ein gewisses Ausfallrisiko gegeben, welches man als Kreditgeber selbst zu tragen hat. Um dieses Risiko beherrschbar zu halten, werden die Kreditnehmer meist in unterschiedliche Klassen eingeteilt.

Wichtig ist, dass ihr zum einen nur einen überschaubaren Geldbetrag investiert und diesen auf verschiedene P2P-Kreditnehmer aufteilt. So haltet ihr das Risiko absolut im Rahmen und müsst euch keine Sorgen machen, dass ihr auf einen Schlag einen großen Teil eures Vermögens verliert, nur weil ihr Pech gehabt habt. Diversifizierung ist hier also besonders wichtig.

* * *

Wie bei jeder Assetklasse aus diesem Kapitel könnte man über Kryptowährungen ein eigenes Buch schreiben. Ich bemühe mich, nicht zu sehr in die Details abzutauchen, auch wenn bereits die Geschichte sehr spannend ist. Ich werde einen Schwerpunkt auf Bitcoin setzen, andere Kryptowährungen funktionieren aber nach ähnlichen Prinzipien.

Der Name Bitcoin tauchte erstmals in einem Whitepaper im Jahr 2009 auf. Geschrieben wurde das Paper von einem gewissen Satoshi Nakamoto. Dies ist allerdings nur ein Pseudonym und auch wenn schon verschiedene Personen behauptet haben, dass sie hinter dem Pseudonym stecken ranken sich um diese Person zahlreiche Mythen, denn bis heute weiß man nicht, wer genau dahinter steckt. Der Inhalt des Whitepapers ist durchaus interessant, denn der Urheber hat sich mit dem System des Geldes genau beschäftigt.

Er geht dabei auch auf die Ursache ein, warum Geld in der jetzigen Form funktioniert. Im Prinzip geht es bei

Geld nämlich um nichts anderes als um Vertrauen. Man vertraut darauf, dass man für eine bestimmte Summe in einer Währung bestimmte Werte erhält, dass diese Summe überall angenommen wird und einigermaßen Stabil ist. Solange dieses Vertrauen nicht erschüttert wird, funktioniert das System. Allerdings braucht es einen Dritten – nämlich die jeweilige Zentralbank – die dieses System am Leben erhält. Dies ist zugleich auch eine Schwäche und Stärke zugleich, denn die Zentralbank kann die Spielregeln auch modifizieren. Dies wird gerade in Krisenzeiten oft getan und ist bei diesem System auch absolut erforderlich. Unter anderem erhöht die Zentralbank in diesem Zusammenhang auch oft die Geldmenge, was langfristig zu einer Inflation führen kann. Dies geschieht jedoch nicht ad hoc, sondern immer erst verzögert. Da die Europäische Zentralbank laufend die Geldmenge erhöht, ist zu erwarten, dass langfristig auch die Inflation anheizt. Bitcoin und andere Kryptowährungen sind nicht zentral organisiert, sondern dezentral. Dabei sind klare Regeln festgelegt, etwa was es braucht, um einen Bitcoin zu schürfen. Die Transaktionen werden von allen bestätigt und nicht von einer zentralen Stelle die das Geld ausgibt. Die Geldmenge ist im Gegensatz zum normalen Geld (in Kryptokreisen oft FIAT-Money genannt), endlich. Bei Bitcoin sind es etwa 21 Millionen Bitcoin.

Damit hat Bitcoin sogar gewisse Parallelen zu Edelmetallen, die ja auch nicht in unendlicher Menge vorhanden sind. In gewisser Weise erinnern Bitcoin auch an das Bretton-Woods-System. Bei Bretton-Woods wurde der Wert eines Dollars in Gold festgelegt. Um diesen Kurs zu halten musste die US-Notenbank für jeden ausgegebenen Dollar Gold in dieser Höhe zurücklegen. Unbegrenzt Geld drucken konnte die Notenbank damals also nicht. Das Bretton-Woods-System war nach dem Zweiten Weltkrieg bis 1973 im Einsatz.

Soviel zur Theorie. Wie könnt ihr euch diese Entwicklung zunutze machen? Jeder hat sicher schonmal auf YouTube oder woanders eine Doku über Leute gesehen, die dadurch reich geworden sind.

Und es gibt auch schon Dinge, die man mit Bitocin zahlen kann. Eine gute Pizza ist unbezahlbar. Zwei gute Pizzen sowieso. Das wird sich auch Laszlo Hanyecz denken. Einige kennen vielleicht seine Story. Der Programmierer war ein Pionier, denn er war wohl der erste, der Bitcoin gegen eine Ware, in dem Fall gegen zwei Pizzen, tauschte. Aus heutiger Sicht hat er einen hohen Preis gezahlt, denn im Jahr 2010 zahlte er ganze 10.000 Bitcoins für die Pizzen. Nach heutigem Wert wären das ungefähr 98,3 Millionen Euro.

Der Bitcoin ist wesentlich volatiler, als wir dies von Dollar oder Euro kennen. Zwischenzeitlich war ein Bitcoin über 20.000 EUR wert, dann wieder unter 9.000 EUR, nun nähert sich die Kryptowährung neuen Rekorden.

Wer ein bisschen Lust auf Nervenkitzel hat, bei dem kann eine Beimischung von Bitcoin nicht schaden. Mittlerweile gibt es auch Anbieter die Bitcoinsparpläne oder Sparpläne anderer Kryptowährungen anbieten. Hier kann man einen monatlichen Sparplan anlegen und immer einen bestimmten Betrag in Kryptowährungen anlegen.

Für mich sind Kryptowährungen eine Sache zum Spekulieren, weswegen ich nur einen Sparplan über 50 EUR in Kryptowährungen habe. Je nach Risikohunger kann es auch etwas mehr sein. Mehrere Zehntausend Euro im Jahr sollte man aber bei normalen Einkommensverhältnissen wohl eher nicht in Kryptowährungen anlegen.

8

PERSÖNLICHE EMPFEHLUNGEN

Natürlich muss jeder selbst weiterschauen, wo er gutes Backgroundwissen für seine Investments bekommt. Das hängt natürlich auch von den Assets ab, in die investiert werden soll. Wenn der Schwerpunkt klar auf Aktien liegt, wirst Du wahrscheinlich nicht viel mehr Infos brauchen, als in diesem Buch, wenn es um Kryptos und Immobilien geht.

Ich werde nachfolgend einfach ein paar ausgewählte YouTube-Channels, Blogs, etc. auflisten, die mir geholfen haben und Orientierung gegeben haben. Das heißt nicht, dass Dir diese Seiten weiterhelfen, aber das Angebot ist teilweise so unendlich groß, dass es schwer fällt den Überblick zu behalten. Vorab möchte ich betonen, dass ich die Empfehlungen aus Überzeugung abgebe. Zu keinem der dort Beteiligten besteht eine wirtschaftliche oder persönliche Verbindung.

Fangen wir an mit dem Thema Immobilien. Viel gelernt habe ich zum Beispiel durch die Immopreneur-Community, vor allem durch den YouTube-Channel

ImmopreneurTV (https://www.youtube.com/channel/UCdJcLQ09NA7yjSewjE0gXJg). Sehr inspirierend finde ich auch die Geschichte von Babs Steger, die sich ohne viel Eigenkapital ein Immobilienimperium aufgebaut hat. Ihr Podcast enthält viele nützliche Tipps und es kommen zahlreiche Experten zu Wort (abrufbar zB hier https://www.podcast.de/podcast/645133/). Durchaus spannend und vor allem super transparent finde ich das Vermietertagebuch von Alexander Rauhe (www.vermietertagebuch.com). Neben coolen Tipps und Tools gibt Alexander Rauhe auch einen Einblick in seine Investments und lässt die Community an konkreten Zahlen teilhaben. Außerdem kann ich euch noch das Team von Immobilen mit Kopf ans Herz legen (www.immobilienmitkopf.de), deren YouTube-Videos ich wirklich gut finde (https://www.youtube.com/channel/UCY4tmstBezef7-sWSsQe_2A).
Auch hier gibt es viele Infos und Anregungen wie ihr euer Immobilien-Business angehen könnt.

Auch beim Thema Aktien gibt es online eine sehr große Community, bei der man einige Infos bekommen kann. Ich finde den Channel "Aktien mit Kopf" bei YouTube (https://www.youtube.com/user/AktienMitKopf) und den Podcast super https://www.aktienmitkopf.de/blog/podcasts). Die Analysen von Kolja Barghorn zu Aktien oder anderen wirtschaftlichen Themen sind immer lustig verpackt und doch auf den Punkt gebracht. Hier und da kommen auch ausgewählte Experten zu bestimmten Themen zu Wort.

Wie man bei Aktien mit Kopf in zahlreichen Videos sieht, ist die Analyse harte Arbeit und erfordert neben einer umfassenden Recherche auch ein beachtliches Hintergrundwissen. Aber auch hierfür gibt es natürlich Angebote. Zum einen geben Banken oft Hausmeinungen heraus, die sie ihren Aktionären zur Verfügung stellen. Diese Hausmeinungen geben einen ersten Einblick, sind aber natürlich nicht sehr detailliert und können eine tiefergehende Analyse vielleicht ergänzen, aber kaum ersetzen. Wer etwas in diese Richtung sucht, kommt um AlleAktien Premium kaum herum (www.alleaktien.de). Der Premium-Content ist zwar kostenpflichtig, aber bietet Analysen, die keine Wünsche offenlassen. Man sieht, dass die Jungs hier keine Glaskugelvorhersagen treffen, denn sie liegen meist richtig mit ihren Tipps. Wer sich fürs Investieren in Einzelaktien interessiert kommt um diese Infos kaum herum.

Wer sich für Neuigkeiten Rund um Kryptowährungen interessiert, dem Lege ich https://bitcoinblog.de ans Herz. Anders als der Name vermuten lässt, geht es nicht nur um Bitcoin, sondern allgemein um Kryptowährungen.

9

WIE GEHE ICH ES AN?

Der einzige Investor, der nicht diversifizieren sollte, ist derjenige der immer 100% richtig liegt. Überlege Dir also wie Du am besten diversifizierst. Womit Du anfängst, hängt stark von Deiner Lebenssituation ab. Wenn Du keine Zeit hast, Dir im Moment Immobilien anzuschauen, dann solltest Du vielleicht nicht damit starten, sondern eher mit einer anderen Assetklasse beginnen. Es kann auch sein, dass einzelne Assetklassen für Dich gar nicht infrage kommen. Wem schon Einzelaktien zu riskant sind, der sollte auf ETF und nicht auf Kryptowährungen setzen.

Das Wichtigste ist aber, dass man beginnt. Es klingt banal, aber man muss einfach mal anfangen. Eine Wohnung besichtigen, ein Depot eröffnen, sich über bestimmte ETF oder Aktien informieren, usw. Es bringt nichts ewig darüber zu philosophieren, wie es denn wäre zu investieren. Wer die Schwelle zum aktiven Handeln nicht irgendwann überspringt, der wird immer passiv bleiben und dessen Geld landet nur auf dem Sparbuch oder wird in sinnlosen Konsum gepumpt. Beides wird Dich nicht weiter bringen! Die Schwelle zu überschreiten ist für einige schwer, erst recht wenn Sie aus einer Familie oder einem Umfeld kommen, in der niemand investiert. Ein guter Freund von mir spricht andauernd darüber, dass er gerne investieren würden, wir diskutieren dann immer über zahlreiche Möglichkeiten, er stellt viele Fragen, ich gebe viele Tipps und am Ende investiert er nicht und kommt ein paar Monate wieder später wieder zu mir mit demselben Anliegen und wir beginnen von vorn. Daher ist sein erster Schritt durchaus gut, nämlich mit einer Vertrauensperson darüber zu sprechen, die vielleicht sogar schon Erfahrungen hat und offen für solche Themen ist. Das kann euch nämlich motivieren und den entscheidenden Anstoß geben. Von alleine zum Investieren zu kommen und alle Schritte zu machen ist nämlich nichts für jeden.

Nicht jeder hat vielleicht einen Freund, mit dem er sich übers Investieren austauschen kann. Daher auch mein Angebot, dass wir in Kontakt bleiben. Ich freue mich sehr über den Austausch mit Leserinnen und Lesern und nehme auch gern Feedback zum Buch entgegen. Auch Fragen zu einzelnen Kapiteln sind natürlich herzlich willkommen. In der nächsten Auflage wird euer Feedback dann prominent vertreten sein. Schreibt mir einfach eine E-Mail unter investier.dich.frei@gmail.com. Und wenn euch das Buch nicht gefallen hat, dann macht bitte auch eurem Ärger Luft. Für mich ist das die erste Publikation und ich möchte wirklich lernen, ob dieses Buch für euch einen Mehrwert geschaffen hat. Ich plane eine Serie daraus zu machen und schon bald zu einzelnen Investitionsthemen eigene Bücher herauszubringen.

Ich wünsche Dir, dass Du genau wie ich der finanziellen Freiheit näher kommst und sich schon bald die ersten Erfolge bemerkbar machen. Generation Y und finanziell frei? Das ist kein Widerspruch! Zeigen wir's allen!

»Wie viele Millionäre kennst du, die mit der Anlage in ein Sparkonto reich geworden sind? Ich kenne keinen.«

Robert Allen

www.ingramcontent.com/pod-product-compliance
Lightning Source LLC
Chambersburg PA
CBHW070257220526
45465CB00004B/1643